# Comment tirer profit de ses ennemis

suivi de *Sur la manière de distinguer le flatteur d'avec l'ami*

Collection dirigée par Lidia Breda

Du même auteur
dans la même collection

*Comment écouter* (n° 150)

Couverture : Friedrich Meckseper, 1965,
*Stilleben mit Fadenkreuz*, détail


106, bd Saint-Germain - 75006 Paris
ISBN : 2-86930-686-5
ISSN : 1158-5609

Plutarque

# Comment tirer profit de ses ennemis

suivi de *Sur la manière de distinguer le flatteur d'avec l'ami*

Traduit du grec et présenté
par Pierre Maréchaux

Rivages poche
Petite Bibliothèque

## NOTE LIMINAIRE

Le texte grec que nous avons suivi est celui de la Collection des Universités de France : *Œuvres morales*, tome I, 2e partie, Paris, Belles-Lettres, 1989. Nous avons également travaillé sur les *Moralia*, I, éditées par W.R. Paton, I. Wegehaupt et M. Pohlenz, Teubner, B.S.B., B.G. Teubner Verlagsgesellschaft, 1974.
Pour les notes, nous devons beaucoup à l'érudition de Jean Sirinelli et de Robert Klaer. Pour la traduction, nous ne nous sommes pas interdit de consulter des éditions anciennes de Saix (1537), de La Porte du Theil (1772), de Ricard (1845) et de Bétolaud (1870).

# LES IMPOSTURES D'ALCIBIADE
# ou
# du caméléon au sage stoïcien

*A la mémoire de M. Daniel Mousseau*

La figure de Plutarque (66-120 ap. J.-C.), célébrée par Montaigne et Rousseau, apparaît comme une des plus attachantes de l'Antiquité tardive. Ce contemporain de Trajan, nourri de platonisme et de stoïcisme, se présente à nous tel un polygraphe. Il écrit des hagiographies savantes de grands personnages du passé, les *Vies des hommes illustres*. Mais son activité de philosophe l'éloigne un peu du systématisme de ses prédécesseurs, pour se tourner vers l'éthique. Les *Moralia,* grande synthèse sur la morale antique, évitent le style abstrait et imitent de préférence la liberté de la parole spontanée. Les deux traités qui nous occupent, *Comment tirer profit de ses ennemis* et *Sur la manière de distinguer le flatteur d'avec l'ami,* obéissent à la règle. Plutarque y introduit tout l'art d'un causeur érudit, mêlant à l'occasion plaisanteries, anecdotes, mythes, discussions, conformément aux bons usages de l'élégance, de la politesse et de la rigueur. Les Anciens se sont longuement interrogés sur les dangers de l'amour-propre et sur les conséquences de cet aveuglement ; Plutarque montre qu'une telle complaisance à soi donne prise à la flatterie. En un catalogue démonstratif, il dévoile tous les artifices imaginables des flagorneurs, en expliquant comment il est possible de les percer à jour. Pourtant le traité ne met pas un point final à cette casuistique sans évoquer longuement la question de la franchise. S'il faut apprendre à déjouer les pièges des flatteurs, il faut conjointement savoir accepter le franc-parler de ses amis. En ce domaine, les plaintes que fait naître en nous le refus de la critique ressemblent à des récriminations d'enfants gâtés où ne se laissent guère aller que les délicats et les heureux de ce monde. *A fortiori*, on doit préférer les injonctions de ses ennemis aux éloges prudents et sucrés de ceux qui nous sont chers. Tel est le coup d'envoi du traité intitulé *Comment tirer profit de ses ennemis*, œuvre brève et rédigée à la diable. Manifestement daté des environs de l'an 100, cet opuscule se présente comme une lettre adressée à un homme politique du nom de Cornélius Pulcher. Plutarque avait déjà eu l'occasion de réfléchir sur des questions analogues dans ses *Préceptes de gouvernement*, que son prestigieux dédicataire connaissait bien. Sans être une redite, le traité fait figure de synthèse ; il garde les allures d'une improvisation quasi orale, dictée à un secrétaire. Et d'une certaine manière, il met un point final à la problématique plutarquienne de la flatterie. La franchise, nous le savons, peut être une flatterie déguisée. A plus d'un titre, elle embarrasse l'amitié parce qu'elle sombre dans deux écueils. Tantôt elle s'érige en procureur et vient frapper de plein fouet l'ami ou le proche ; tantôt elle joue les adulatrices et, au lieu d'incriminer les vrais défauts, elle s'attache à des vétilles, à des détails bénins. Hormis la prudence, la solution consiste à accorder plus de crédit à ses ennemis qu'à ses proches. A cet égard, *Comment tirer profit de ses ennemis* montre à l'homme d'État ou au simple particulier de quelle façon le vrai stratège peut user, dans les circonstances les moins favorables, des récriminations, des remontrances ou des calomnies de ses ennemis personnels, pour s'améliorer et pour les vaincre. Le flatteur nous conduit à la vigilance, telle est la leçon du *De adulatore*. Mais cette vigilance, tout extérieure, ne concerne qu'autrui. Il s'agit de se défier des séductions de l'altérité. Au contraire, l'ennemi nous oblige à une veille intérieure permanente ; il aiguise notre *démon* familier : en réaction, nous nous perfectionnons, nous sommes exemplaires [1], nous supportons l'injure [2], nous apprenons la maîtrise [3], nous sommes généreux même envers l'ennemi [4]. En un mot, l'adversité est un exutoire pour le mal et un modèle pour le bien.

Le *De adulatore et amico* (Sur la manière de distinguer le flatteur d'avec l'ami) fut dédié à Antiochus Philopappos, chorège puis archonte athénien du Ier siècle de notre ère. L'intention de Plutarque y est très claire. Il s'agit de dresser une typologie des différents flatteurs et de recenser les situations où l'ambiguïté entre flatterie et amitié se fait jour. En

---

1. *De capienda ex inimicis utilitate* ou *De cap.*, 88 E à 90 E.

2. *De cap.*, 90 C-D.

3. *De cap.*, 90 E.

4. *De cap.*, 90 E à 91 E.

effet, le flatteur sait à merveille contrefaire l'ami. Et le premier dilemme entrevu par Plutarque concerne l'ambiguïté de l'apparence. Pourquoi, se plaint-il en substance, l'honnête homme accorde-t-il une confiance naïve et spontanée à cette illusion d'amitié qu'est la flatterie ? C'est que l'œil n'est fait que pour la tromperie. Le flatteur le sait, qui éblouit la vue avec des mirages, une bigarrure d'effets, un bluff pittoresque, etc. Qui dit flatterie dit idologie ou kaléidoscopie. Plastique dans ses métamorphoses (ὑγρὸς μεταβάλλεσθαι [5]), ayant la faculté de changer de peau (τὴν χρόαν τρέπεσθαι [6]), mimétique du lieu où il se trouve (συναφομοιοῦται τοῖς ὑποκειμένοις χωρίοις [7]), le flatteur est le maître d'une imagerie à la fois discrète et surchargée qui se pavane, plastronne, éclipse les vérités invisibles, et obéit à la fièvre de l'auction et au prestige du crescendo. Avec lui, tout commence par une insinuation progressive qui devient, si la victime s'enhardit, profusion galopante, inflation diabolique ou prolifération cancéreuse. S'il est question d'éloge par exemple, de peur de passer pour un flagorneur grossier, le flatteur emploiera la prosopopée, mettant les louanges de sa dupe dans la bouche d'autrui [8] ; ou bien, complimentant *a contrario*, il blâmera les vertus que n'ont pas ceux qu'il flatte [9]. Cette imagerie qui commence si bas finit par faire du volume, au point qu'un flatteur sous-estimé gagne peu à peu l'estime de sa victime. On commence par ce ballet

5. *De adulatore et amico*, 51 C.
6. *Ibid.*, 51 D.
7. *Ibid.*, 51 D.
8. *Ibid.*, 57 A.
9. *Ibid.*, 57 C-D.

d'ombres vaines, dont le nom platonicien était σκιαγραφία, avant d'aborder le royaume de la consistance. Car toute la technique du flatteur réside dans cet art de s'installer [10] qui est aussi un art d'accrocher ou, mieux, de crocheter la serrure de l'assentiment. Au départ, la crainte d'être suspecté oblige l'adulateur à partir de l'infinitésimal. Pour louer, il parlera net, usant d'une certaine franchise : celle qui ne vise à dénoncer que les défauts secondaires [11], ou bien, à la rigueur, il se servira d'un compliment muet [12]. Ces précautions lui vaudront un surcroît de reconnaissance. En effet, la discrétion, la prudence, et tout ce qui passe pour tel, doublent la flatterie d'un prix extraordinaire, qui la dore et la fait resplendir. Platon n'avait cure de flatter et toute sa doctrine qui vomissait les sirops du bas-agrément dressait la science sérieuse contre la frivole et complaisante câlinerie. Plutarque, sans en faire l'apologie, réhabilite pour mieux les confondre ces routines de la flatterie [13]. D'Alcibiade, prince des flatteurs, il nous montre un héros-caméléon, tantôt guerrier, tantôt soudard, tantôt efféminé, tantôt stratège. Façade sans intériorité, le disciple préféré de Socrate, arpentant à pas discrets le chemin de velours du stratagème, crée à ses propres fins toute une technique de

---

10. Sur cette expression on lira B. Gracián, *L'Homme de cour* (*Oráculo manual y arte de prudencia*), maxime 274, traduit par Amelot de la Houssaye (réédit. Paris, Grasset, 1924) et le commentaire de Vladimir Jankélévitch, *Le Je-ne-sais-quoi et le Presque-rien*, « la manière et l'occasion », tome 1, Paris, 1980, p. 24.

11. *De adulatore...*, 59 D-F.

12. *Ibid.*, 58 B.

13. Lire Spinoza, *Ethique*, IV, app. chap. 21 (*adulatio*).

la plaisance, une académie de flatterie[14] ! Adepte d'une rhétorique sans morale, d'une séduction sans limite, il quitte l'anagogie escarpée où le conduit son maître, pour les routes insidieuses de la démagogie. Cette inconstance chatoyante annonce déjà le portrait d'un ambassadeur du Grand Roi en monstre multiforme, sous la plume de Baltasar Gracián :

« Ils virent un carrosse qui venait vers eux, deux serpents le tiraient et un renard le menait. Critile demanda si c'était le Carrosse de Venise, mais le Renard Cocher feignit de n'avoir pas entendu et ne répondit rien : il y avait dedans un gros monstre, ou pour mieux dire, plusieurs monstres joints en un, car il paraissait tantôt blanc et tantôt noir, tantôt jeune et tantôt vieux, tantôt homme et tantôt femme, tantôt raisonnable et tantôt bête. Enfin, il paraissait si multiforme que Critile s'imagina que c'était le fameux Protée » (*El Criticón,* crisi 7, Espasa-Calpe, Madrid, 1975, p. 61).

Faisant feu de tout bois, le flatteur use non seulement des apparences vestimentaires ou des gestes muets de la courtoisie, mais il hante le palais du langage. Il confit ses mots pour exalter le goût des hommes en épiçant le ragoût des choses : il gonfle ses épithètes ; dans sa bouche, un nez d'aigle est royal (τὸν δὲ γρυπὸν βασιλικόν[15]), la couardise devient prudence (δειλίαν ἀσφάλειαν[16]). Par de tels procédés qui déréalisent leur objet, le flatteur s'installe de force dans ce cabinet magique des vanités et

14. *De adulatore...*, 52 D-E.
15. *Ibid.*, 56 D.
16. *Ibid.*, 56 C.

des prestiges dont parle Gracián dans son roman allégorique. Obligeant à prendre au sérieux ce que le *Gorgias* ou la *République* avaient renié, il travaille, tel un opticien retors, dans la sphère des glaces déformantes et dans le monde des faux reflets. Un roi qui fredonne devient un Apollon, un potentat qui s'enivre est fait dieu des vignes, un prince à la palestre a tout d'un Hercule [17]. Une espèce de dioptrique mentale naît de ces exagérations : le flatteur l'instaure en même temps qu'il fonde un art de prudence qui joue avec les manières circonstantielles de l'être et le pare d'une très fine pellicule diaprée. Comment un nez crochu devient-il royal ? Il suffit de masquer son essence sous un voile léger qui suggère pour mieux tromper, et le tour est joué. Il lui faut avoir l'air. Avoir l'air, tout est là ! Plutarque, Castiglione, Gracián, La Bruyère ont observé tous ces flatteurs de cour, milieu irréel, fantasmatique et inconsistant. Et chacun dans sa langue savait qu'un adulateur de la trempe d'Alcibiade était le reflet d'un reflet, une exhibition incarnée où le paraître submergeait l'être, en l'amoindrissant ou en l'anéantissant. Pourtant, si Alcibiade fut le prince des flatteurs, il en fut le représentant le moins délicat. Ce flatteur patenté, comme l'a compris Plutarque, a mis au point un art d'agréer pour subjuguer. La séduction d'Alcibiade ressemble au charme irréversible et agressif des magiciens. Elle est opération à sens unique ; elle exclut la mutuelle communion, la communication, qui repose sur ce double influx d'aller et de retour. C'est peut-être pour cela qu'Alcibiade mauvais flatteur eut une carrière trop fulgurante. Au contraire, l'habile enjôleur

17. *Ibid.*, 56 F.

de cour, par exemple, donne l'illusion d'une réciprocité. C'est pour mieux faire diversion que ce pénétrant impénétrable [18] laisse croire à une relation bilatérale, alors qu'il évite à tout prix l'échange. Il devine sans être deviné [19], il déjoue le jeu d'autrui sans lui permettre de lire dans le sien propre [20] : en un mot, il défait chez autrui l'œuvre d'artifice pour y retrouver la vérité, mais il est tout mystère sur lui-même et laisse l'autre sur sa faim. Point d'adulation passive ; le flatteur se laisserait prendre à son piège ; mais une adulation active qui consiste à maîtriser sans être maîtrisé, à comprendre en faisant en sorte d'être soi-même mécompris. Il ne s'agit pas d'induire un ami en erreur, mais d'ensorceler une dupe sous les dehors de l'amitié. Par conséquent, le but de la flatterie devient pratique, technique et militant avant que d'être immoral. Car pour juger de son immoralité, encore faut-il voir à qui elle s'attaque. Comme l'avantage peut se perdre au cas où le rusé dévoilerait son jeu, la conscience travaille sans cesse à surveiller ses bastions dominants et à affermir son imprenable citadelle. La conscience du flatteur, toute d'acuité, est conscience du faux-semblant : elle sait que son serviteur immédiat est un imposteur, elle n'ignore pas qu'il semble sans être ; elle veut naturellement avoir la primeur d'une telle conspiration avec soi-même. En d'autres termes, elle est science de la nescience, conscience de l'inconscience. Et pour peu que le rapport s'inverse, elle a toujours dans son sac quelque tricherie salutaire, quelque supercherie inédite, qui lui permettraient d'incliner

18. La Bruyère, *les Caractères*, VIII.
19. *De adulatore...*, 49 B.
20. *Ibid.*, 51 F.

la coordination en subordination et l'égalité en disparité. Pourtant, et c'est ce que Plutarque ne dit pas, la flatterie sera quasiment inévitable tant que s'opposeront la pesanteur passionnelle de l'honnête homme et la légèreté indifférente du flatteur. Expliquons-nous.

La flatterie, cette consœur de l'art et du théâtre, n'est autre qu'une des filles du loisir. Comme l'art et à l'instar de la comédie, elle n'existe que lorsque l'urgence vitale ne se fait pas sentir. Pourtant bien des éléments la différencient de l'art de la scène : alors que la comédie écrite ressemble à un feu de paille, la comédie de la vie, elle, offre un terrain durable et propice à l'embrasement. Car, le flatteur joue avec le feu ; une victime paraît, il va la voir, la perce à jour, l'imite, l'enjôle, attise son amour-propre ; et si la flamme dure plus longtemps que les biens convoités, notre fourbe se retire. Et à supposer qu'on l'ait percé à jour, alors que la dupe se démène et sombre corps et biens dans le naufrage de la désillusion, le flatteur, économe, n'engage qu'une parcelle de son âme dans le désastre : l'autre, affriandée par de nouveaux appâts, est déjà sur le pied de guerre, tout affairée en stratégies préparatoires. Économie et Diplomatie sont donc les déesses tutélaires du flatteur. La victime plausible s'englue dans elle-même ; elle se complaît à montrer la cible de ses points faibles ; sa passion se dilue le long d'un déterminisme visible de tous ; au contraire, le flatteur, lui, sait dédramatiser sa tragédie intérieure ; est-il découvert ? Il part en quête d'une nouvelle dupe. Flatter, c'est déjouer, c'est-à-dire flairer les pièges de l'adversité, mais aussi se dépassionner ou se déprendre de soi-même.

Si le flatteur sait faire à chaque chose sa part, s'il refuse la tyrannie de l'unique point de vue, pour en adopter une multitude, la flatterie procède donc d'un art d'effleurer les êtres et les choses. S'il arrive qu'elle soit profonde, qu'elle s'enracine, c'est toujours dans un dessein retors. Il faut dire que la propension à la lourdeur qui caractérise la majorité des victimes qu'elle choisit ne peut que favoriser son butinant manège. Il y a dans la psychologie des grands hommes entourés d'une cohorte de flatteurs, Alexandre, Ptolémée, Tibère, Antoine, Denys, des constantes particulières : tous succombent à l'impérialisme de leurs tendances, aux crescendi de leur nature passionnelle, à la boursouflure de leurs moindres désirs, à leur pente au rêve, à une excessive confiance en soi qui va jusqu'au bout de la crédulité. Ainsi des velléités sportives d'Alexandre[21], de l'engouement de Ptolémée Evergète II pour les amputations chirurgicales[22], de l'hypocondrie maladive d'un Tibère anéanti par l'écrasante charge de l'empire (60 C), du voluptueux sentiment d'Antoine pour Cléopâtre (61 A), des passagères lubies mathématiques de Denys (52 D). Chez toutes ces figures historiques, une pulsion, livrée à elle-même, prolifère indéfiniment, au point d'occuper toute la place ; loin de s'effacer de bonne grâce, elle devient vice ancré ou idée fixe ; elle tourne à la gravité et à la pesanteur.

Le flagorneur, quant à lui, est doté par miracle de tous les mécanismes régulateurs qui compensent automatiquement l'hypertrophie des désirs. Il sait

21. *Ibid.*, 53 C
22. *Ibid.*, 60 A.

limiter l'action excessive de ses passions pour se régler, en un jeu sérieux, sur celle des autres ; il peut à tout moment organiser en lui-même cette concurrence des instincts que les serviteurs immédiats de la vanité, accaparés qu'ils sont par des pulsions trop impérieuses, sont incapables de faire jouer. Tenu à l'écart de l'obsession, le flatteur installe en lui-même ce tonus des inclinations contrastantes : il s'adapte aux circonstances, il peut saisir à tout moment l'occasion favorable, il vainc aisément l'attardement pathétique de son cœur. En un mot, il n'est pas de ces natures graves, ombrageuses, entières, qui restent fidèlement sur le quant-à-soi de leurs plaisirs et de leurs passions. Il est loin de prôner ce radicalisme du cœur qui le rendrait infiniment vulnérable. Il considère les âmes de ses victimes comme des parangons de fragilité, comme des proies faciles pour le malheur car elles offrent une vaste carrière à ses manœuvres captieuses. L'ironie du flatteur, cette merveilleuse disposition au voyage de l'âme qui est refus de la pesanteur, consiste à ne point figurer intégralement dans chaque signe : le flagorneur ménage ses ressources, ne prend de grands airs tragiques que sur commande et ne s'englue jamais dans l'hystérie. Il comprend que le point faible de ses victimes réside dans une hyperesthésie : celles-ci, capables d'aimer et de haïr éperdument, de se passionner pour n'importe quoi, de s'aveugler par amour-propre, ne vivent plus conformément au diapason de la mesure, de la juste observation des choses, de la lucidité critique, mais se livrent à des exaltations compromettantes et démesurées. Le flatteur développe donc en soi une sorte de prudence égoïste qui l'immunise contre les déchirements de l'extrémisme sentimental. Il garde la tête froide, se donnant le moyen de n'être jamais désenchanté, pour la raison qu'il ne joue que la comédie de l'enchantement. Et à supposer qu'il soit démasqué et pris par la malchance, la ligne de retrait, sur laquelle il se repliera, coïncidera avec un nouvel objet de flatterie.

Plutarque a beau montrer comment on démasque un flatteur, il sait qu'on ne peut le prendre en flagrant délit de désespoir, de culpabilité ou de remords. Toute désolation est, chez lui, déjà consolée ; sa vraie personne n'est pas là, elle est toujours ailleurs, à moins qu'elle ne soit nulle part... Le flatteur n'est pas un médiocre parasite semblable à ces adulatrices de Chypre qui furent surnommées escabelles parce qu'elles s'aplatissaient devant les épouses des rois pour leur permettre de monter dans leur char[23]. Non, il ressemble plutôt aux sophistes, à ces tricheurs qui n'ont jamais tort dans le détail, sans avoir raison dans l'ensemble, car ils sont, comme le montre Bergson, des parallélistes, à mi-chemin entre deux idées. On prend difficilement le flatteur à son propre piège car à la lettre il est *parfait*. Un quidam un jour s'avança en plein sénat et fit mine d'adresser à l'empereur Tibère des reproches véhéments. L'assistance fit immédiatement silence. On ouït alors les mises en garde d'un homme aux abois : Quand, déclarait-il en substance, Tibère ménagerait-il sa santé et prendrait-il du repos, lui que consumaient les veilles et les soucis de sa charge[24] ? A l'écoute de ces semonces bienveillantes, le rhéteur Cassius Severus affirma ironiquement qu'une telle franchise tuerait son homme. Pourtant, il reste tou-

---

23. *Ibid.*, 50 D.
24. *Ibid.*, 60 C.

jours dans la flatterie l'ultime butée de la sincérité comme plane sans cesse au-dessus de l'inculpation ou de la condamnation à mort la présomption d'innocence. Le flatteur le sait bien ; plus il est aérien, plus il est insaisissable, moins il est suspecté, et moins il est préhensible ; comme l'escamoteur de Jérôme Bosch, il excelle à subtiliser un obstacle, à piper les cartes, pour faire croire à son attachement, à sa profondeur. La flatterie procède d'une volage pesanteur. Tant que la proie est alléchante, elle joue le théâtre de l'ancrage, elle est plus réelle que la réalité même, elle contrefait la sédentarité, elle se fige ; le badaud qui s'émerveille de trouver, tel Narcisse, un autre soi-même, s'épanche, délie les cordons de sa bourse en même temps que se gonflent les voiles de son amour-propre. Si la navigation est de courte durée, si la pauvre grenouille humaine, éperdue de reconnaissance et bouffie d'autosatisfaction, vient à faire naufrage, son adulateur patenté s'échappe par un glissement insensible, et fait la pirouette, pour ne pas dire la roue, à l'affût d'un nouveau regard écarquillé.

Dans ces ruses du flatteur, on a déjà reconnu un talent propre à l'intelligence et qui n'est autre que l'art d'effleurer. Le flatteur est comme un danseur de corde qui marcherait sur la terre ferme où rampent les dupes, ces tardigrades de l'esprit. Loin d'adhérer, loin de peser, il touche le pathos d'autrui d'une tangence impondérable. Même s'il parle fort avec les forts en gueule, c'est du bout des lèvres qu'il murmure pour lui-même. En acteur consommé, il badine avec tous les sentiments que sa panoplie théâtrale lui permet de contrefaire. Sans jamais jouer de cœur, il joue de tête ; et pour peu qu'il donne dans le passionné, il ne s'engage, intérieurement s'entend, jamais à fond. Il ressemble à ces buveurs qui refusent de se griser uniquement du même nectar, et qui, au lieu de vider la bouteille jusqu'à la lie, se composent une ivresse multicolore, en goûtant, avec une maîtrise d'œnologue, une multitude de crus.

Alcibiade, ce Panurge grec, jouait les élégants à Athènes, était tondu ras à Sparte, avait des manières de soudard en Thrace, tombait dans l'efféminement en Perse [25]... Alcibiade est le modèle suprême des flatteurs (ὁ μέγιστος) en même temps qu'il en est la conscience la plus aiguë : conscience espiègle qui, tel Protée, se subdivise à l'infini et fuit la bêtise de l'enracinement, conscience extrême, qui rend attentif au réel et qui immunise contre les étroitesses d'un pathos intransigeant, contre l'intolérance d'un fanatisme exclusif. A cet esprit de *pizzicato*, ou de mouvant ludion, Plutarque reproche son dilettantisme, son inconstance. Or le propre du flatteur est d'éviter le rabâchage à moins d'y être contraint dans l'exercice de sa fonction ; aussi est-ce à juste titre qu'Alcibiade, parcourant le chemin qui le menait d'Athènes à la cour de Tissapherne, ne s'arrêta pas en cours de route. Ce triomphe de l'avancée sur l'adhérence des mœurs et des discours le rendit immatériel, blasé, disponible et supérieurement incrédule, à la fois maître des peuples et des choses. La flatterie d'Alcibiade ne serait autre que l'ironie socratique reconvertie à des fins d'adaptation sociale ; grâce à elle, le jeune combattant de Potidée y ferait la découverte de la pluralité ; ses sentiments, renonçant à leur solitude seigneuriale pour des voisinages humiliants, cohabiteraient avec ceux de la multitude.

---

25. *Ibid.*, 52 D-E.

Aucun thème philosophique n'est plus directement inspiré de la pensée sophistique que celui de la flatterie, dans la mesure où apparence et occasion sont des valeurs essentielles aux yeux des sophistes. A cet égard, le flatteur apparaît moins comme une puissance négative que sous les dehors d'un homme d'adaptation dans un monde de mouvance et de duplicité. Son excellence se manifeste par une triple maîtrise : il régit les apparences, il dompte les circonstances, il a raison de la mobilité. D'abord, le flatteur sait faire jouer les apparences en sa propre faveur, se montrant en toute circonstance sous le jour le plus heureux. Ainsi n'accorde-t-il ses soins qu'aux natures nobles, généreuses et bonnes [26] qui l'accueillent chaleureusement. Ensuite, il possède l'art de mettre à profit les circonstances en saisissant les occasions, selon une technique qui n'est pas de prévision mais plutôt d'intuition de l'opportunité au moment où celle-ci se présente. Enfin, il est apte à se mouvoir dans l'instable et le fragile. Cette faculté d'évoluer dans l'insaisissable et d'en faire sa pâture quotidienne évoque bien avant la lettre la philosophie de Pascal. Car une même intuition tragique de la vanité de toute quête et de toute possession rapproche la frivolité selon Plutarque du divertissement pascalien.

Au total, ces maîtrises ont pour condition une reconnaissance de l'artifice comme principe unique

---

26. *Ibid.*, 49 C. – Gracián dans l'*Oráculo manual* montre que l'art du *heroe*, version supérieure du flatteur, consiste à savoir se débarrasser des malheureux : il faut, écrit-il, « connaître les gens heureux pour s'en servir, et les malheureux pour s'en écarter » (chap. 31).

de la vie sociale du flatteur. Le frein que Plutarque oppose à cette vie, c'est la peur de la nature, c'est la crainte du naturel, c'est l'effroi qu'inspire la spontanéité du sentiment. Seule l'irruption de ces instances qui guident l'homme sans artifice a pour effet de rendre le flatteur pusillanime. Car l'*adulator* est un inconscient : tout lui est permis, tout lui est possible. N'importe qui peut lui ressembler à condition de renoncer à l'appel de la nature (penchants, passions, voix du cœur) et de donner toujours la préférence à l'art ou à l'artifice.

Puissance trompeuse dans un sens, la flatterie est aussi (Plutarque ne le dit pas) une puissance jubilatoire : car, à l'instar de la perversion, elle *rend heureux* celui qu'elle dupe. Elle oppose au réel, ce triste *deceptor,* un simulacre chatoyant. Surcharge, excès, inflation de présence langagière ou spatiale, la flatterie récupère ce qui *traîne* dans la réalité, pour lui donner un regain de volume. Sous son empire, l'apparence la plus chétive existe dans l'espace, bombe le torse tel Matamore, se pavane et tend vers l'exhibition complaisante de sa forme. Ce triomphe de la flatterie suscite une interrogation sur le franc-parler. Car si l'adulateur a sur nous une prise facile, c'est que notre suffisance nous aveugle et nous rend rétifs à la franchise de nos amis[27]. Faut-il être sincère ? Toutes les vérités sont-elles bonnes à entendre ?

Plutarque répond sans ambages. La sincérité est dans l'absolu inconditionnellement bonne car on trouve en elle l'événement instantané du courage. Dire la vérité à qui l'on aime est du même ordre que

27. *Ibid.*, 66 A-F.

prendre la décision d'être soi-même. Dans les deux cas, l'assomption effective de la vérité exige un violent effort sur soi, une victoire sur l'intérêt. En matière de liberté de parole (παρρησία), la seule occasion qui soit donnée à l'ami de proférer une semi-vérité est la litote, cette pseudégorie ironique, qui suppose l'extrême dédoublement de la conscience. Mise par Plutarque au rang des techniques de franchise [28], elle n'est pas menteuse ; elle se propose seulement de nous induire en vérité par la voie indirecte de la simulation : loin de manœuvrer par égoïsme, elle nous éprouve pour voir si nous saurons comprendre. A l'instar du chirurgien qui ne trompe pas le malade en lui cachant le bistouri, puisque *c'est pour son bien*, l'homme de tact (ὁ χαρίεις) peut laisser en suspens son intention de parler vrai, à moins qu'il ne la délaye dans quelques douceurs langagières, qui exigeront décryptage et interprétation [29]. La question de la franchise dessine un clivage entre amitié et adversité, entre flatterie hypocrite et franchise hostile. En effet, la vigilance que nous impose le regard critique d'un adversaire exige plus de nous que le relâchement avec lequel nous entendons nos proches. Le traité *Comment tirer profit de ses ennemis* entend montrer, nous l'avons dit, comment un homme d'État (ou un simple citoyen) peut mettre à profit les remontrances de ses ennemis personnels pour s'améliorer, comment il convertira les critiques qu'il veut formuler à autrui en injonctions morales vis-à-vis de lui-même, comment il supportera patiemment l'injure, com-

---

28. *Ibid.*, 70 D-F.

29. Sur cette question, on lira Vladimir Jankélévitch, *Les Vertus et l'Amour*, I, Paris, 1986, p. 220 *sqq*.

ment il apprendra la maîtrise et comment il sera généreux envers ses adversaires.

On reconnaît là une allégeance à la philosophie stoïcienne qui fut élaborée quatre siècles avant Plutarque, à partir des années 300 avant notre ère. Les noms des grands représentants de ce courant de pensée sont souvent mentionnés chez Plutarque, qui avait beaucoup lu et médité ces auteurs, même là où une écriture spontanée ne semblait pas sous-tendue par une précision technique. Cette fidélité à une doctrine déjà ancienne ne doit pas étonner ; les philosophies antiques avaient l'impact temporel des religions, bien qu'elles fussent réservées à des élites intellectuelles. On comprend donc qu'elles n'aient point sombré dans l'obsolescence comme ce serait le cas de nos systèmes contemporains qui vivent, comme disait Barthes, l'évolution de la « petite histoire ». Au temps de Plutarque donc, le stoïcisme se pose encore le problème du bonheur et continue de réfléchir sur l'idéal sapiental. Au sujet de l'adversité, l'homme sage ne doit formuler aucune inquiétude. En effet, la sécurité, *summum* du bien qu'il recherche, s'acquiert par un travail d'imprégnation lente ; il suffit, à force d'entraînement et d'ascèse, de se persuader que les souffrances et la mort ne sont rien, et que la compréhension de l'adversité, l'intégration du malheur à notre vie même, peuvent affermir la sécurité intérieure que nous cherchons. Pourtant Plutarque n'est pas Sénèque et il accorde la part belle à l'*affectivité* là où le philosophe latin tente absolument de l'éradiquer. L'affect, selon les instances les plus radicales du stoïcisme, n'est autre qu'un échauffement local, un phénomène parasite qui se greffe sur nos jugements, rien au total qui ne puisse défier les tribunaux de la Raison. Plutarque, en médiateur, accueille la position d'Aristote qui fait horreur à Sénèque : il faut modérer ses passions pour les utiliser à dose acceptable. Lisons *La Constance du sage*, et nous verrons qu'il est question d'extirper de notre âme les mouvements les plus suspects. Ne voyons pas, dans cette entreprise répressive, une rage emphatique et vengeresse qui mettrait hors de nuire la plus petite velléité passionnelle. Songeons seulement qu'il nous faut anéantir l'affect dans le cas où il serait mal apprivoisé. Notre âme ne doit en aucun cas nourrir dans son sein cette vipère qui, une fois réchauffée, la piquerait à coup sûr.

S'agissant de l'adversité qui est aussi, dans le sens du traité de Plutarque, critique d'autrui, le stoïcisme diffère de nous sur de nombreux points. D'abord, Plutarque, à l'instar de Sénèque, est universaliste en même temps qu'il est individualiste. C'est ce qui rend sa position difficile à comprendre. Selon lui, le sage doit remplir parfaitement ses devoirs en centrant son ascèse sur lui-même ; il n'empêche qu'il restera farouchement ouvert à l'idée d'une raison universelle, impartiale et qui ne fait pas acception des personnes. Croyant sensé le désir de l'impossible, il s'imagine que l'homme pourra puiser sa confirmation dans l'immense puissance de l'équitable justice et de la loi générale. Voilà un sentiment qui contraste avec le nôtre. Nous considérons, en modernes, que le désir prime dans l'homme et que le monde n'est qu'une somme de consciences différentes qui veulent s'anéantir par jalousie, par prosélytisme ou par conformisme. Or, Plutarque, en bon stoïcien, met toute son espérance dans la perfection du monde ; aussi tente-t-il d'unifier la vertu (recette du bonheur personnel) et la morale des devoirs envers autrui. A cet égard, il comprend que la perfection morale ne se maintient pas dans l'inertie ; ainsi conçoit-il le rapport du sage avec son ennemi comme un exercice sur la provocation qui permet à la vertu d'être tenue en haleine. Car celle-ci peut se perdre, une fois acquise, et revenir en arrière comme un ressort trop tendu qu'on relâcherait.

Le *De adulatore* et le *De capienda ex inimicis utilitate* relèvent finalement du même thème et peuvent aisément justifier une publication conjointe. Tous deux s'intéressent à la question des apparences et s'interrogent sur l'attitude de l'homme que la vie civique met constamment aux prises avec l'illusion. Lorsqu'il est la dupe du flatteur, le politique cède aux belles apparences, il entre d'emblée dans cette métamorphose des volumes et des formes qui lui fait voir le réel sous le prisme grossissant de l'amour-propre. Inversement, lorsqu'un ennemi le conspue ou le raille, il récuse la critique et met en doute sa véracité. Une fois encore, son amour-propre le leurre en le rendant incapable de voir la faille que l'on dénonce en lui. De tous côtés, les puissances de la *philautie*, cette passion invétérée de soi-même, empêchent l'homme d'avoir un juste regard sur les choses ; elles faussent sa vision, elles embrouillent son jugement et favorisent son errance dans un monde où tout est déjà porté à le tromper, où les similitudes déçoivent. Plutarque trouve une solution à cette gigantesque « piperie » qu'est la vie sociale. Excluant toute morosité, il montre qu'il est possible de guider sa vie au rebours des apparences, c'est-à-dire en prenant le contrepied. Si le refus de la louange est le premier pas qui conduit à la quête de l'identité, tout en laissant aveugle sur soi-même et sur ses travers, le respect des critiques d'autrui et la reconnaissance de leur bien-fondé seront le moyen suprême de parvenir à la vérité souhaitée. A défaut d'instaurer une morale civile nouvelle dans l'histoire de la philosophie, Plutarque prouve que l'*euthumia*, cette sérénité du stoïcien, cet art des compromis et des proportions, permet d'accorder ensemble les notions les plus contradictoires : le pur et l'impur, l'amour et l'inimitié, la franchise et le tact. En un temps de cohabitation politique et de disparité sociale, ne serait-il pas souhaitable que sa pensée, défiant l'anachronisme, pût servir de garde-fou aux courtisans des princes et aux rivalités des ambitieux ?

## Bibliographie sommaire


Aulotte R. *Plutarque en France au XVI^e siècle*, Paris, Klincksieck, 1971.

Babut D. *Plutarque et le stoïcisme*, Paris, 1969.

Barrow J. *Plutarque and this Time,* Londres, 1967.

Brunt P.A. « Stoicism and the Principate », *Papers of the British School at Rome,* XLIII, 1975, pp. 7-35.

Dronkers A.I. *De comparationibus et metaphoris apud Plutarchum,* Utrecht, 1982.

Fraisse J.-C. *Philia,* Paris, Vrin, 1974.

Fuhrmann F. *Les Images de Plutarque,* thèse de doctorat présentée à l'université de Paris, Paris, 1964.

Greard O. *La Morale de Plutarque,* Paris, 1866.

Guthrie W.K.C. *The Sophists,* Cambridge University Press, 1971. Trad. franç. Payot, rééd. 1988.

Hartman J.J. *De Plutarcho scriptore et philosopho,* Leyde, 1916.

Hein G. *Quaestiones plutarcheae,* Berlin, 1916.

Inwood B. *Ethics and Human Action in Early Stoicism*, Oxford, 1985.

Jones, R.M. *The Platonism of Plutarch,* Chicago, 1916.

Long A.A. et Sedley D.N. *The Hellenistic Philosophers*, vol. I : *Translations of the Principal Sources with Philosophical Commentary ;* vol. II : *Greek and Latin Texts with Notes and Bibliography,* Cambridge University Press, 1987.

Puech B. *Le Cercle de Plutarque*, 1979, thèse de troisième cycle de Paris-IV.

Renoirte Th. *Les Conseils politiques de Plutarque*, Louvain, 1951.

Ziegler K. *Plutarchos von Chaironeia,* Stuttgart, 1949.

# Comment tirer profit de ses ennemis

## *Dédicace : l'administration politique, source féconde d'inimitiés et de haines.*

1. Je vois, Cornélius Pulcher[1], que tu as choisi, pour gouverner l'État, la manière la plus douce : tout en t'évertuant à servir la communauté, tu montres une grande bienveillance envers ceux qui, en privé, t'adressent des sollicitations[2]. On peut certes trouver un pays où il n'y ait point de bêtes féroces, comme on le dit entre autres de la Crète[3], mais a-t-on jamais vu une administration politique qui n'ait pas exposé ceux qui l'exerçaient à la jalousie de leurs rivaux, à l'envie et à la concurrence, toutes passions fécondes en inimitiés (d'ailleurs, à défaut d'autres causes, les amitiés nous ménagent des inimitiés. Tel était l'avis du sage Chilon[4] quand il demandait à un homme qui se vantait de n'avoir pas d'ennemi s'il n'avait pas non plus d'ami) ? Les méditations d'un homme d'État doivent porter, ce me semble, sur la question des ennemis envisagée sous toutes ses facettes ; et il se doit d'avoir accordé un vif intérêt à ce mot de Xénophon[5] : que « c'est le fait d'un homme sage de tirer profit de ses ennemis ». En conséquence, les propos que j'ai tenus récemment sur cette matière, je les ai recueillis à peu près dans les mêmes termes, et

je te les envoie. Autant que possible, je me suis abstenu d'insérer ce que j'avais écrit dans mes *Préceptes politiques*[6], puisque tu as souvent, je le vois, ce traité entre les mains.

### *Puisqu'il est impossible de ne pas avoir d'ennemi, il faut savoir en tirer profit.*

2. Les premiers hommes se bornaient à ne point tomber entre les griffes d'êtres sauvages d'une espèce différente de la leur, et c'était là le but des combats qu'ils livraient aux bêtes fauves. Puis leurs descendants ont appris à en faire usage ; d'ailleurs, n'en tirent-ils point parti lorsqu'ils se servent de leur viande pour se nourrir, de leur poil pour se vêtir, de leur fiel et de leur présure pour se soigner, de leur cuir pour s'armer ? En conséquence, si les bêtes féroces étaient venues à manquer à la race humaine, il est à craindre que sa vie ne fût devenue sauvage, indigente et barbare[7]. Aussi, puisque les hommes ordinaires se bornent à prévenir la mauvaise volonté de leurs ennemis, et que les sages, au dire de Xénophon[8], tirent profit de leurs adversaires, ne mettons pas sa parole en doute, mais cherchons une méthode, un art, grâce auxquels les êtres incapables de vivre sans ennemis tireront quelque parti avantageux.

Le laboureur ne peut rendre fécond n'importe quel arbre, ni le chasseur dompter la première bête venue ; ils ont donc cherché d'autres moyens de tirer parti, le premier de la stérilité végétale, le second de la sauvagerie animale. L'eau de la mer n'est guère potable et elle a mauvais goût ; mais elle sustente les poissons, elle favorise les trajets en tous sens, elle est une voie d'accès et un véhicule pour ceux qui l'empruntent [9]. Quand le satyre eut la primeur de contempler le feu, il désira le baiser et l'étreindre ; alors, Prométhée lui dit :

« De ta barbe de bouc tu pleureras la perte [10]. »

Le feu brûle quand on le touche ; mais il procure lumière et chaleur, il sert à une infinité d'usages, pour ceux qui connaissent son maniement. Examine pareillement ton ennemi : cette créature, par ailleurs malfaisante et irréductible, ne donne-t-elle pas prise par un endroit ou par un autre ? Ne peut-elle se prêter à quelque usage particulier ? N'est-elle pas profitable ? Une foule d'événements nous sont également pénibles, détestables, hostiles, quand ils se trouvent sur notre route. Pourtant, tu réalises que certains hommes ont converti leur maladie en une douce inaction physique. Beaucoup d'autres ont été fortifiés et se sont endurcis sous l'empire des épreuves qu'ils eurent à subir, tandis que la perte de leur patrie et la privation de leurs biens ont conduit de rares élus à un loisir studieux et à la philosophie. Ce fut le cheminement de Diogène [11] et de Cratès [12]. Zénon [13], au contraire, après qu'il eut appris que le navire frété par lui avait fait naufrage, s'exclama : « Tu fais bien, fortune, de me ramener à la bure des philosophes ! ». Il en est de même pour ces animaux dont l'estomac est des plus coriaces et dont la santé des plus saines : n'avalent-ils et ne digèrent-ils pas des serpents et des scorpions ? D'ailleurs, d'autres espèces se nourrissent de cailloux et de coquilles, en les réduisant par la puissance et la chaleur de leur souffle vital. Par contre, les sujets fluets et maladifs ont peine à supporter un peu de pain ou de vin sans avoir envie de vomir. Cela pour dire que les imbéciles mettent à mal leurs amitiés alors que les hommes sensés savent tourner à leur profit même les inimitiés.

***Puisque notre ennemi observe curieusement nos actions, il est nécessaire de veiller sur nous-mêmes, et cette vigilance tourne insensiblement en habitude de vertu. L'émulation est une contention morale.***

3. En premier lieu, il me semble que ce qui est le plus dommageable dans l'inimitié peut devenir le plus profitable, si l'on veut y prendre garde. Et comment cela ? C'est que ton ennemi veille continuellement à épier toutes tes actions ; à l'affût d'une moindre faille, il fait le guet alentour de ta vie, ne voyant pas seulement « à travers les chênes », comme faisait Lyncée [14], ni « à travers pierres et tuiles », mais aussi à travers ton ami, ton domestique, et tous ceux avec qui tu auras familiarité, pour surprendre autant qu'il lui sera possible ce que tu feras et creuser ou sonder tes résolutions [15]. Car il advient souvent que nos amis tombent malades, qu'ils agonisent, sans que nous n'en sachions rien, pendant que nous faisons preuve à leur endroit de détachement et de négligence. S'agissant de nos ennemis au contraire, nous allons presque en quête de leurs songes. Maladies, dettes ou démêlés conjugaux échappent plus aisément à la mémoire de leurs serviteurs immédiats qu'à celle de leur adversaire. Mais c'est surtout aux erreurs que celui-ci s'attache, il les traque ; et de même que les vautours sont affriandés par l'odeur des charognes putrides, mais ne sentent pas l'odeur des corps sains et valides,

ainsi les parties de notre vie qui sont malsaines, mauvaises, viciées, attirent notre ennemi ; de fait, ceux qui nous témoignent de l'aversion les investissent à grands pas, les prennent d'assaut et les mettent en pièces. Est-ce donc là une chose qui soit bien utile ? Oui, sans aucun doute. Cela oblige à vivre sur ses gardes, à s'observer, à ne rien faire ni rien dire à l'étourdie et à la légère, mais à maintenir continûment sa vie à l'abri d'une éventuelle critique, comme s'il s'agissait d'observer un régime draconien. Car cette manière réservée, qui réprime les passions de l'âme et tient la bride aux écarts de raisonnement, inspire le souci et la volonté de vivre de manière vertueuse et irréprochable [16]. En effet, les cités, que des guerres de voisinage et de continuelles expéditions militaires ont assagies, finissent par aimer de bonnes lois et une politique saine : de même, les hommes, contraints par certaines inimitiés à mener une vie sobre, à résister à la facilité et la suffisance, à assigner une fin utile à chacune de leurs actions, sont poussés à leur insu dans une voie d'infaillibilité, et leurs mœurs acquièrent une régularité édifiante pour peu que la raison y mette aussi la main. La pensée :

« Quel plaisir pour Priam et les fils de Priam [17] ! »

quand on l'a toujours en tête, détourne, écarte, éloigne de tout ce qui peut réjouir les ennemis et susciter leur rire. Considère les artistes qui figurent dans les Dionysies : ne les voyons-nous pas, relâchés et indolents, dans des prestations dénuées de rigueur, quand sur le théâtre ils ne sont qu'entre eux ; mais toutes les fois qu'il y a concours et rivalité avec d'autres troupes, ils redoublent d'attention non seulement dans l'interprétation de leurs rôles, mais aussi dans l'usage des instruments de musique ; ils les accordent à l'unisson, veillent plus minutieusement à l'harmonie du concert, à l'accompagnement des flûtes[18]. En conséquence, celui qui sait que son ennemi est un concurrent tant sur le plan de la conduite que sur celui de la réputation prend de plus près garde à soi, regarde l'effet de ses actes avec circonspection et ordonne mieux sa conduite. Car c'est également une propriété du vice d'avoir plus de honte des ennemis que des amis, quand on agit mal. D'où ce mot de Nasica[19], alors que des gens pensaient et disaient que la puissance romaine était désormais hors de danger après la destruction de Carthage et l'asservissement de la Grèce : « Eh bien ! c'est maintenant, dit-il, que nous sommes en danger, parce que nous ne nous sommes plus laissé à nous-mêmes de rivaux qui puissent nous inspirer de la crainte ou de la honte. »

### *La jalousie de nos ennemis est un contrepoids à notre négligence. De surcroît, nous nous vengeons utilement d'un ennemi en l'affligeant par notre propre perfectionnement moral.*

4. Ajoute encore à cela la réponse de Diogène, si digne d'un philosophe et d'un homme d'État : « Comment me défendrai-je contre mon ennemi ? – En te rendant vertueux[20]. » A entendre priser les chevaux de leur ennemi et vanter ses chiens, les gens se lamentent. A voir ses terres bien cultivées et son jardin fleuri, ils éprouvent une forte tristesse. Qu'en sera-t-il, à ton avis, si tu fais preuve d'équité, de bon sens, d'obligeance, de probité dans tes discours, d'intégrité dans tes actes, de décence dans ta conduite,

« Moissonnant dans ton cœur les énormes sillons,
Théâtre de croissance pour de nobles desseins[21] » ?

« Vaincus, les hommes sont enchaînés par leur mutité[22] », dit Pindare ; cette remarque n'est ni absolue ni valable pour tous, mais elle concerne ceux qui se voient vaincus par leurs ennemis en vigilance, en civisme, en bienfaisance et en humanité. Voilà ce qui « paralyse la langue, comme dit Démosthène, ferme la bouche, suffoque, rend muet[23] ».

« Diffère du méchant, cela dépend de toi[24]. »

Veux-tu mortifier celui qui te hait ? Ne le traite pas d'inverti, d'efféminé, de dissolu, de bouffon ou d'avaricieux ; mais conduis-toi réellement en homme, sois modéré, dis la vérité, agis humainement et avec justice envers ceux que tu rencontres. Mais si tu te crois obligé d'en arriver aux injures, écarte-toi le plus loin possible des désordres que tu lui imputes. Sonde le tréfonds de ton âme, examines-en les failles, pour ne pas t'exposer à t'entendre dire tout bas par quelque vice caché on ne sait où en toi-même ce vers du poète tragique :

« Tu veux guérir autrui quand tu grouilles d'ulcères[25] ! »

Le traites-tu d'ignorant ? Redouble en toi d'ardeur au travail et de goût pour les sciences. De lâche ? Ravive ton audace et ta bravoure. De lascif et de dissolu ? Efface de ton âme toute trace de penchant à la volupté qu'elle peut avoir conservée secrètement. Car rien ne serait plus honteux ni plus mortifiant que de voir retomber sur soi la censure qu'on aurait faite d'autrui ; mais les yeux faibles semblent être blessés plus vivement par la réverbération de la lumière et les accusateurs par les accusations que la vérité fait retomber sur eux. Tout comme le vent du nord rassemble les nuées, une mauvaise conduite draine à soi de justes reproches.

### *N'imputons point à autrui des travers dont nous sommes atteints.*

5. Toutes les fois que Platon s'était trouvé au milieu d'hommes de mœurs dissolues, il avait coutume, en les quittant, de se dire : « Ne suis-je pas moi-même, par hasard, un de leurs semblables[26] ? » Si, après avoir amèrement blâmé la conduite d'un autre, on examine aussitôt la sienne et qu'on la réforme en lui donnant une pente et une direction contraires, on tirera les fruits de ses injures. Autrement elles semblent être inutiles et vaines, et elles le sont en effet. La multitude, d'ordinaire, rit sans doute de voir un chauve ou un bossu en diffamer ou en railler un autre sur ses difformités, mais il est souverainement ridicule d'oser faire à autrui un reproche qu'il peut retourner contre nous. Ainsi Léon de Byzance, raillé par un bossu à propos de sa mauvaise vue, lui répondit : « Tu m'imputes une disgrâce tout humaine, quand tu portes sur ton dos les marques de la vengeance céleste. » Aussi, ne va pas mettre en cause un homme adultère si tu es un pédomane invétéré, ni un être prodigue de son bien si tu es avare.

« D'une femme homicide[27] tu es frère par le sang[28] »,

disait Alcméon à Adraste. Que répondit-il ? Il lui reprocha non le crime d'un autre, mais le sien propre :

« Par ta main a péri la mère qui te fit naître [29]. »

Domitius dit à Crassus : « Toi, n'est-il pas vrai qu'à la mort d'une lamproie que tu faisais nourrir dans un vivier, tu pleuras [30] ? » Alors l'autre lui rétorqua : « Mais toi, n'est-il pas vrai que, lors de l'enterrement respectif de tes trois femmes, tu ne versas pas une larme ? » Crois-tu que pour avoir droit de censurer il suffise d'être homme d'esprit, d'avoir le verbe haut et le ton tranchant ; non, il faut être soi-même à l'abri de toute accusation et de tout reproche. Car à personne d'autre, semble-t-il, le dieu ne recommande autant la pratique du « connais-toi toi-même » qu'à l'homme qui s'ingère de blâmer autrui, de peur qu'en disant tout ce qu'il lui plaît, il ne s'expose à entendre des choses qui lui déplaisent. En effet, selon Sophocle, « il arrive d'ordinaire » que de tels personnages

« Ne se maîtrisant pas dans leur vain bavardage,
S'entendent appliquer malgré soi le langage
Qu'ils avaient sur un autre avec plaisir tenu [31] ».

### *Manières dont il faut recevoir les reproches d'autrui.*

6. Voilà ce qu'il y a d'utile et de profitable dans les admonitions que l'on fait à son ennemi ; mais la chose n'est pas moins vraie en sens contraire : lorsqu'on est victime des injures et des critiques de ses ennemis. Pour cette raison, Antisthène disait

avec justice que, pour se préserver, on a besoin d'amis sincères et d'ennemis ardents : les premiers nous éloignent du mal par leur avis, les seconds par leur censure [32]. Mais puisque aujourd'hui l'amitié n'élève que faiblement la voix lorsqu'il s'agit de parler avec franchise, et que, verbeuse dans la flatterie, elle est silencieuse dans les conseils, c'est de la bouche de nos ennemis qu'il nous faut entendre la vérité. Car, de même que Télèphe, à défaut de pouvoir être soigné par les siens, livra sa blessure au fer de l'ennemi [33], de même ceux qui ne peuvent jouir de favorables avis doivent à toute force écouter patiemment les reproches d'un ennemi, s'il dénonce et gourmande leurs vices, et s'arrêter moins à la mauvaise intention qui le guide qu'au service réel qu'il leur rend. Un quidam voulait faire périr Prométhée le Thessalien [34]. Il le frappa de son épée et perça un phlegmon, de sorte qu'il lui sauva la vie en le débarrassant de cet abcès crevé. Tel est souvent l'effet d'une médisance dictée par la colère ou l'inimitié : elle guérit notre âme d'une maladie insoupçonnée que nous avions négligée. Mais la plupart des gens, lorsqu'on les reprend, ne cherchent point à savoir si ces réprimandes sont fondées, mais usent de récriminations et taxent leur agresseur d'un vice différent. Ils imitent en cela le manège de lutteurs aux prises avec la poussière : au lieu de se débarrasser personnellement des travers stigmatisés par leurs ennemis, ils s'en aspergent mutuellement, si bien que dans la mêlée où ils succombent à tour de rôle, ils se trouvent alors tout barbouillés et noircis. Ne serait-il pas plus raisonnable, dans ces occasions, de corriger le vice dont on nous fait grief, avec plus de soin que nous n'ôterions de dessus nos habits une tache qu'on nous aurait montrée ? Si l'on nous impute des travers que nous n'avons point, nous devons chercher la cause de cette calomnie, et nous appliquer, à force de surveillance et d'appréhension, à ne pas commettre à notre insu une faute semblable ou analogue à celle qu'on nous reproche. Ainsi, le roi d'Argos Lacydès, parce que sa chevelure était trop soigneusement peignée et qu'il marchait avec trop de délicatesse, fut soupçonné de mollesse ; il en fut de même pour Pompée [35], qui avait coutume de se gratter la tête avec un doigt ; pourtant il était bien loin de faire montre d'efféminement ou d'une licence effrénée. On accusa Crassus [36] d'entretenir une liaison avec une des vierges sacrées [37] parce que, désirant lui acheter une belle propriété, il lui faisait une cour assidue, sans témoins, et la comblait de prévenances. Posthumia, trop prompte à rire et trop hardie à parler avec des hommes, fut décriée au point qu'on l'accusa d'impudicité. Il est vrai qu'on l'innocenta ; mais, au terme de l'acquittement, le grand pontife Spurius Minucius lui rappela subsidiairement qu'elle n'avait pas à être moins réservée dans ses discours que dans sa conduite. Quant à Thémistocle, qui fut convaincu d'innocence, on le soupçonna de trahison en raison de son amitié pour Pausanias et des lettres fréquentes qu'il lui envoyait [38].

### *Il ne faut pas mépriser les reproches, même s'ils ne sont pas fondés.*

7. En conséquence, si l'on médit de toi, tu ne dois pas, malgré la fausseté du propos, le mépriser ou le négliger. Examine au contraire dans tes paroles, ta conduite, tes activités de prédilection, tes fréquentations, tout ce qui a pu servir de prétexte à la calomnie,

puis garde-t'en et prends la fuite ! Car si d'autres, victimes de malheurs imprévus, en ont tiré des leçons profitables, ainsi que nous l'apprend Mérope :

« L'infortune, il est vrai, me donna la sagesse,
Mais au prix d'êtres chers, objets de ma tendresse[39] »,

que nous empêche de prendre les leçons gratuites d'un ennemi et d'en tirer parti pour apprendre une parcelle de ce qui nous échappe ? Car sur plusieurs points la clairvoyance de l'ennemi est plus grande que celle de l'ami – « l'amour est aveugle à l'endroit de ce qu'il aime[40] », comme dit Platon ; la haine, quant à elle, mêle l'intempérance de langue au goût des racontars. Hiéron se vit reprocher par un de ses ennemis d'avoir mauvaise bouche ; revenu au logis, il dit à sa femme : « Que signifie ? Pourquoi ne m'en as-tu jamais parlé ? » Mais elle, qui était aussi simple que chaste, lui répondit : « Je croyais que tous les hommes sentaient de même. » Ainsi c'est par nos ennemis plutôt que par nos amis et familiers que nous pouvons prendre conscience de nos tics, de nos faiblesses corporelles et de nos travers les plus directement perceptibles.

### *Il faut supporter avec douceur les plaisanteries et les médisances : cette patience est un moyen très efficace d'apprendre à maîtriser sa langue.*

8. Mais laissons cela pour traiter de l'empire qu'on doit exercer sur sa parole : ce n'est pas là une mince partie de la vertu. Or on sera incapable de tenir sa langue sous le contrôle et l'autorité de la raison si, à force d'exercices et de travail assidu, on n'a

pas triomphé des passions les plus détestables, telles que la colère, par exemple. La parole qui jaillit involontairement, le

« propos qui des dents a franchi la barrière »,

et le fait que

« certaines paroles prennent d'elles-mêmes leur essor [41] »,

voilà communément le fait des esprits ordinaires qui vont selon leur pente et sont ballottés au gré de leur pusillanimité, de leur jugement débile, de leur conduite irréfléchie. Or, la parole, chose volatilissime, nous expose, comme nous l'apprend le divin Platon, aux plus lourds châtiments que peuvent infliger dieux et humains [42]. Le silence, lui, n'a jamais de compte à rendre ; outre qu'il ne cause pas d'altération, comme le dit Hippocrate [43], il donne à l'homme conspué un trait de noblesse, une marque socratique, ou plus exactement une qualité héracléenne, s'il est vrai que ce héros

« ne s'inquiétait pas plus des calomnies que d'une mouche vrombissante [44] ».

Rien n'est plus noble, assurément, rien n'est plus beau que ce calme maintien devant les insultes de l'ennemi :

« On subit maints quolibets en passant
Tel un marin au large des brisants [45] »,

mais l'exercice qu'on y déploie est d'un plus grand

mérite. Une fois accoutumé à supporter en silence les injures hostiles, tu souffriras plus aisément les emportements d'une femme qui t'invective, tu entendras sans émotion les paroles offensantes d'un ami ou d'un frère ; et quand ton père ou ta mère te donneront des coups ou te lanceront quelque objet à la figure, tu accepteras l'offense sans colère et sans ressentiment. Socrate supportait Xanthippe[46], qui était irritable et acrimonieuse, afin que l'habitude qu'il en aurait prise le rendît plus doux à l'égard des autres. Cependant, il est encore plus beau que ce soit contre des ennemis et des étrangers que l'on s'exerce à endurer avec sérénité les insolences, les emportements, les brocards, les outrages, dans le dessein d'accoutumer notre humeur à demeurer paisible et à ne pas se fâcher contre les attaques.

### *La générosité à l'égard d'un ennemi est une propédeutique à la grandeur morale.*

9. Douceur et tolérance : voilà ce dont nous faisons montre dans nos inimitiés. J'ajoute que notre rectitude, notre grandeur d'âme, notre bonté peuvent s'y manifester mieux encore que dans nos amitiés : sans doute y a-t-il moins de mérite à rendre un service à un ami qu'il n'y a de honte à le lui refuser, s'il en a besoin. Sans doute ne pas se venger d'un ennemi, quand l'occasion se présente, est-ce humanité ! Mais avoir compassion de lui quand il est abattu et l'assister quand il est dans la détresse, avoir des prévenances pour ses enfants et s'occuper de ses intérêts qui périclitent, l'homme qui ne sent pas la

générosité d'une telle conduite, qui n'en loue pas la vertu, celui-là,

« D'acier ou de fer est forgé son cœur noir [47] ».

Quand César ordonna que fussent redressées les statues triomphales de Pompée qu'on avait jetées à bas, Cicéron lui dit : « En relevant les statues de Pompée, tu as consolidé les tiennes [48]. » En conséquence, il ne faut pas être chiche de louange ou d'hommage envers son ennemi, quand il mérite la réputation qu'on lui veut faire. Ceux qui estiment se font estimer davantage ; et les reproches qu'on lui adresse une autre fois en inspirent plus de croyance, attendu qu'ils semblent dictés non par la haine de l'homme mais par l'improbation de sa conduite. Mais ce qu'il y a de plus beau et de plus utile, c'est qu'en prenant l'habitude de louer nos ennemis, de nous défendre de toute rancune et de tout déchirement à la vue de leur réussite, nous nous éloignons davantage de cette jalousie qu'excitent en nous trop souvent le bonheur de nos amis et le succès de nos familiers. Or quel autre exercice est plus utile pour l'âme, et la dispose mieux, que celui qui éteint en nous tout instinct de rivalité et d'envie ? En effet, comme à la guerre, il y a toutes sortes de nécessités, par ailleurs mauvaises, qui, passées en coutume et ayant force de loi, ne peuvent être aisément supprimées lors même qu'elles nous contrarient ; de même l'inimitié, par cela seul qu'elle introduit en nous, de concert avec la haine, un sentiment d'envie, y laisse en dépôt, sur son passage, l'ombrage, la jubilation qui viennent de la détresse des autres, la rancœur enfin [49]. Outre cela, lorsque la méchanceté, la fourberie, le goût de l'intrigue, qui ne semblent pas être choses criminelles ou iniques à l'égard d'un ennemi, se sont insinués dans notre âme, ils y restent sans qu'on puisse s'en défaire ; et l'habitude fait que, ne sachant pas nous en préserver à l'égard de nos ennemis, nous les employons même contre nos amis. Si donc Pythagore[50] avait raison lorsque, dans son désir d'habituer les hommes à s'interdire toute violence et toute exigence cupide vis-à-vis des bêtes privées de raison, il obtenait des oiseleurs par ses prières, et des pêcheurs par l'achat de leurs prises, la liberté des oiseaux et des poissons qu'ils avaient capturés, et interdisait de tuer tout animal domestique, il est certes bien plus honorable encore, dans les différends et les rivalités qui mettent aux prises les hommes, d'être généreux, juste et loyal, fût-ce envers ses ennemis, de réprimer ses pulsions mauvaises, basses et perverses, de les ravaler, afin de rester de marbre dans les affaires où l'on traite d'intérêts avec ses amis et de s'abstenir de tout préjudice à leur encontre. Scaurus, ennemi de Domitius, lui intenta un procès. Un serviteur de Domitius vint le trouver avant que ne tombât le verdict en faisant mine d'avoir à lui révéler quelque fait que celui-ci ne connaissait pas. Scaurus ne le laissa pas prononcer un seul mot, le fit saisir et renvoyer à son maître[51]. Caton accusait Muréna de brigue politique. Tandis qu'il recueillait des preuves, des gens, selon la coutume, l'accompagnaient pour observer ses actes et ne cessaient de lui demander s'il avait l'intention de faire ce jour-là quelque enquête relative à l'accusation. Quand il avait répondu par la négative, ils se retiraient pleins d'une entière confiance. C'était lui donner une démonstration manifeste de la grande opinion qu'on avait de sa probité. Mais il y a un témoignage encore plus grand, et le plus beau de tous : c'est que, lorsqu'on s'est habitué à rester juste même à l'égard de ses ennemis, on est certain que jamais on ne se rendra coupable d'injustice et de mauvaise foi envers ses intimes et ses amis.

***Rendre hommage au mérite de ses ennemis, c'est rendre hommage au sien propre et s'habituer à ne pas voir d'un œil jaloux la supériorité de ses amis. Il faut être généreux envers ses ennemis, afin de le devenir plus volontiers et plus assidûment envers ceux qu'on aime. En un mot, les ennemis sont un exutoire pour le mal et un modèle pour le bien.***

10. Mais puisque, selon Simonide, « toute alouette huppée doit avoir son aigrette[52] » et que toute nature humaine induit en soi-même jalousie, rivalité et envie « qui courtise les songe-creux[53] », ce ne serait pas se rendre un médiocre service à soi-même que d'apprendre à se débarrasser de ses vices en les rejetant sur ses ennemis et d'en détourner, pour ainsi dire, le fétide écoulement[54] loin de nos compagnons et de nos intimes. C'est ce que paraît avoir compris un homme politique du nom de Dèmos : à la suite d'une révolution qui avait amené le triomphe de ceux de son parti, il leur conseilla de ne point bannir tous les citoyens qui avaient professé des avis contraires, mais d'en épargner quelques-uns, « afin, disait-il, que nous ne commencions pas à nous quereller avec nos amis lorsque nous nous serons débarrassés de tous nos adversaires ». Pareillement, si nous consumons en nous ces passions en les exer-

çant contre nos ennemis, nous en harcèlerons moins nos amis. Car il ne faut pas « que le potier en veuille au potier[55] », selon Hésiode, ni « le chanteur au chanteur » ; et il ne faut pas non plus que nous éprouvions de la jalousie à l'égard d'un voisin, d'un parent, d'un frère « empressé à faire fortune » et qui rencontre la prospérité. Mais si tu n'as aucun moyen de débarrasser ton âme des querelles, des jalousies, des rivalités, habitue-toi à ne ressentir de morsures que du succès de tes seuls ennemis. Excite contre eux le dard de ton aigreur, affûte-le et aiguise-le. Car les bons jardiniers, à dessein d'embellir roses et violettes, plantent dans leur voisinage de l'ail et des oignons qui attirent le suc dont la fétidité et l'âcreté pourraient leur nuire. De même, lorsqu'on détourne sur un ennemi son envie et sa malice, on s'adoucit vis-à-vis de ses amis et l'on s'afflige moins de leurs succès. C'est pour cette raison supplémentaire que nous aimons entrer en rivalité de gloire, de puissance, de profits honnêtes, sans nous borner à cette consomption du dépit, s'ils ont quelques avantages de plus que nous, et en nous évertuant à les surpasser en vigilance, en énergie laborieuse, en tempérance et en autocontrôle, à l'imitation de Thémistocle qui prétendait que la victoire de Miltiade à Marathon lui avait coupé le sommeil[56]. Celui qui se croit devancé par son ennemi au barreau, dans les fonctions publiques, dans la gestion des affaires de l'État, ou auprès de ses amis et des puissants, celui-là se laisse aller à la rancœur et au complet découragement au lieu d'entreprendre et de faire montre d'émulation ; pour finir, il sombre dans l'oisiveté stérile de l'homme envieux ! Au contraire, celui qui ne s'aveugle pas sur le compte d'un ennemi exécré, mais soumet à un examen équitable sa vie, ses mœurs, ses paroles, ses actes, reconnaîtra presque toujours que cette supériorité jalousée par lui-même, son adversaire la doit à sa célérité, à sa prévoyance et à la sagesse de sa conduite. Alors, pour l'égaler en amour de la gloire et du beau, il redoublera d'efforts et rejettera loin de lui indolence et mollesse.

### *Les vices des ennemis nous rendent nos vertus plus chères.*

11. Si au contraire c'est par des flatteries, des artifices, des corruptions ou des trahisons que nos ennemis semblent avoir conquis à la cour des princes et au gouvernement un pouvoir légitime et scandaleux, nous ne serons pas affligés de leur crédit ; et ce sera plutôt une satisfaction pour nous de mettre en balance de leur conduite notre propre indépendance, et une vie pure, exempte de reproches. Car « tout l'or qui est sur terre et sous terre a moins de prix que la vertu [57] », dit Platon, et il faut avoir toujours à l'esprit ces vers de Solon :

« Contre les biens du monde échanger la vertu ?
Non, jamais [58] ! »

J'ajouterai : « ni contre les vivats dont nous encensent les parasites sur la scène de la vie, ni contre les honneurs et préséances dans les cercles d'eunuques, de catins et de satrapes à la solde des potentats ». Car rien n'est enviable, rien n'est beau, quand il faut l'acquérir à vil prix. Mais puisque « l'amour est aveugle à l'endroit de ce qu'il aime [59] », comme dit Platon, et que nos ennemis nous font bien plus subir la laideur du vice par leurs propres débordements, nous devons ne laisser stériles ni le plaisir que nous donnent leurs fautes ni le chagrin morose qu'excitent en nous leurs succès ; en conséquence, fondons-nous sur ce double exemple pour devenir meilleurs qu'eux en évitant leur perversité et pour égaler leur succès sans imiter leurs malices.

## NOTES

1. Cnaeus Cornélius Pulcher était procurateur d'Achaïe à la fin de la vie de Plutarque.

2. Sur la modération politique selon Plutarque, lire *Praecepta gerendae reipublicae*, 810 B.

3. Curiosité déjà relevée dans Pline, *Hist., nat.* XI, 28, 99. L'œuvre de Plutarque regorge d'anecdotes concernant les *naturalia* ; on lit par exemple que le chat a horreur du parfum (*Conjugalia praecepta*, 144 CD), que le poulpe dévore ses tentacules en hiver (*De communibus notitiis*, 1059 E) ou bien qu'on éventre les rats des mines pour extraire de leurs entrailles l'or qu'ils ont avalé (*De cupiditate diuitiarum*, 526 B). Sur toutes ces curiosités, lire la thèse de François Fuhrmann, *les Images de Plutarque*, Paris, 1964, p. 59, note 2.

4. Lire le *De amicorum multitudine*, 96 A *infra.*

5. *Économique*, I, 15 et *Cyropédie*, I, 6, 11.

6. Traité des *Moralia* répertorié sous l'expression latine *Praecepta gerendae reipublicae*, 798 A *sqq.* Cette dédicace à un notable romain, lecteur assidu des œuvres politiques de Plutarque, traduit de la part de l'écrivain un désir de recommander son œuvre tant aux Grecs qu'aux Romains, afin de prôner cette entente loyale et cet égalitarisme qu'il aimerait voir s'instaurer entre les citoyens des municipes grecs et l'autorité impériale romaine.

7. Lire le *De sollertia animalium*, 964 A et 965 B.

8. *Économique*, I, 15 et *Cyropédie*, I, 6, 11.

9. Amitié et inimitié appellent souvent dans l'œuvre de Plutarque des comparaisons physiques : l'amitié qui a sa voix propre, la franchise, ne se laisse point relâcher au gré des circonstances comme une bouline de vaisseau (*De amicorum multitudine*, 95 F) ; mais il arrive qu'elle se détériore comme les armes et les outils (*De fraterno amore*, 481 E). Les amis des riches ressemblent à un essaim de mouches errabondes furetant dans leurs cuisines ; et lorsque la nourriture vient à manquer, ces insectes parasites s'envolent et quittent les lieux vides (*De amicorum multitudine*, 94 B). En multipliant trop nos amis, nous sommes dignes de ces femmes débauchées qui ne peuvent rester fidèles à leurs premières amours parce qu'elles se livrent sans cesse à de nouvelles (*id.*, 93 CD)... Sur ces images, on consultera la thèse de Fuhrmann, pp. 224 à 226.

10. Vers d'Eschyle, *Prométhée allumeur de feu*. Voir Nauck, *Trag. Graec Frag.* (abrégé en *T.G.F.*) n°207.

11. Diogène le Cynique. Cf. Diogène Laërce, VI, 20 *sqq.*

12. Cratès de Thèbes (à ne pas confondre avec Cratès, poète comique du v^e^ siècle, connu très fragmentairement) fut l'élève de Diogène. Né d'une famille riche, il abandonna sa fortune pour prendre le manteau du philosophe. Plutarque, qui le cite souvent comme modèle de renoncement aux biens de ce monde (cf. *De uitando aere alieno*, 831 F), aurait écrit, selon l'empereur Julien (*Or.*, IX [VI], 200 B), une *Vie de Cratès* dont le texte est perdu.

13. Zénon fut à son tour disciple de Cratès avant d'être le fondateur du stoïcisme. Cette anecdote est déjà mise à profit par Plutarque (cf. le *De tranquillitate animi*, 467 C et le *De Exsilio*, 603 D). Sénèque le Philosophe s'en empare à son tour dans son entretien intitulé *La Tranquillité de l'âme*. On y lit notamment que quand il apprit le naufrage où tout ce qu'il possédait venait d'être englouti, notre Zénon dit : « La Fortune veut que je philosophe plus à l'aise. » (*Nuntiato naufragio, Zenon noster, cum omnia sua audiret submersa : « Iubet, inquit, me fortuna expeditius philosophari. » – De tranquillitate animi*, XIV, 3.)

14. Lyncée, fils d'Apharée, appartient à la race des Perséïdes ; il prit part notamment à l'expédition des Argonautes où il fut utilisé pour sa vue perçante (il voyait par exemple à travers une planche de chêne). Des mythographes comme Paléphate (*Des histoires incroyables*, X) imaginèrent une interprétation évhémériste de la légende de Lyncée : il aurait été le premier mineur, creusant le sol et, à l'aide d'une lampe, suivant les filons du métal ; il aurait ramené le minerai au jour, et cet acte lui aurait valu la réputation de voir sous la terre. Voir également Tzétzès, *Commentaires* sur Lycophron (*Alexandra*), édition G. Müller, 3 vol., Leipzig, 1811, 553. – Pour la traduction du mot ὀστράκων (terre cuite, objets en terre cuite), nous reprenons l'interprétation d'Amyot (« tuiles »).

15. Voir l'image du *De fraterno amore* (490 C) où le questionneur indiscret fouille dans l'indicible (ὑπορύττοντα τῶν ἀπορρήτων ἔνια).

16. Le calme des passions et la vertu constituent pour Plutarque la bonne santé de l'âme. L'ami encourage toujours ce qu'il y a de meilleur chez un homme, comme un médecin qui s'efforce de maintenir la santé (*De adulatore et amico*, 61 D) ; point n'est besoin d'aliments superflus pour un homme sain ; la raison lui donne une tension et une forme excellentes avec le temps (*De cohibenda ira*, 453 E).

17. *Iliade*, I, 255.

18. Voir aussi *Vie de Démosthène*, 22, 4.

19. Sur Scipion Nasica (P. Cornelius Scipio Nasica), fils de Cnaeus Cornelius Scipio Calvus, voir Tite-Live, XXXV et XXXVI.

20. Déjà cité dans le *De audiendis poetis*, 21 E.

21. Eschyle, *Sept contre Thèbes*, 593 *sqq.*

22. *Fragments,* 229.

23. *Sur la fausse ambassade*, 208.

24. Euripide, *Oreste*, 251.

25. Vers tiré d'une pièce d'Euripide (Nauck, *T.G.F.*, Euripide, n° 1086, p. 703), cité également dans le *De adulatore et amico,* 71 F.

26. Nous ne savons pas à quel ouvrage de Platon Plutarque emprunte cette réflexion qu'il cite trois autres fois dans les *Moralia* (*De audiendo*, 40 D, *De tuenda sanitate praecepta*, 129 D, et *De cohibenda ira*, 463 E). On peut remarquer que, si l'attitude qu'exprime cette interrogation peut rappeler le précepte socratique « connais-toi toi-même », elle se rapproche plutôt de la pratique stoïcienne de l'examen de conscience. On lit par exemple dans le *De ira* de Sénèque : « Les vices d'autrui sont devant nos yeux, les nôtres derrière notre dos... Une grande partie des hommes s'irrite non contre le délit, mais contre les délinquants. Nous deviendrons plus modérés en nous considérant nous-mêmes, en sondant notre conscience. Est-ce que nous n'avons, nous aussi, commis rien de tel ? Sommes-nous tombés dans les mêmes erreurs ? Est-ce bien à nous de condamner ces pratiques ? » (II, XXVIII, 8 ; voir aussi III, XXXVI-XXXVII).

27. Le texte grec précise : ἀνδροκτόνου γυναικὸς (d'une femme meurtrière de son époux).

28. Vers tiré de l'*Alcméon* d'Euripide (Nauck, *T.G.F.*, *adesp.* n° 358, p. 906).

29. Voir note précédente.

30. La lamproie (murène) de Crassus était célèbre. Lucius Licinus Crassus, qui fut censeur en 92 av. J.-C., n'a rien à voir avec le triumvir.

31. Passage tiré d'une pièce inconnue.

32. Dans d'autres textes (*De adulatore*, 74 C et *De profectibus in uirtute*, 82 A), cette remarque est attribuée à Diogène.

33. Télèphe, qu'Achille blessa à la cuisse d'un coup de lance, ne dut sa guérison qu'à la limaille qui se trouvait sur son arme. Cf. *De audiendo*, 46 F.

34. Surnom vraisemblable de Jason de Phères. Voir Cicéron, *De la nature des dieux*, III, 28, 70.

35. On lit dans la *Vie de César*, IV, 9 : « Cependant, quand je vois sa chevelure si artistement arrangée, quand je le vois se gratter la tête avec un seul doigt (τὴν κόμην ἑνὶ δακτύλῳ κνώμενον), il ne me semble plus conce-

vable que cet homme ait pu se mettre dans l'esprit un crime tel que le renversement de la constitution romaine. » (trad. R. Flacelière). – Cf. Suétone, *Vie de César*, 45, 3-4. Se gratter la tête avec un seul doigt (sans doute pour ne pas déranger sa coiffure) passait pour le geste d'un efféminé. Voir également Lucien, *Le Maître de rhétorique*, 11 ; Juvénal, IX, 133 et Julien, *Le Banquet ou les Saturnales*, 323 B.

36. Il s'agit cette fois du cupide Marcus Licinius Crassus, le triumvir. Voir Plutarque, *Crassus*, I.

37. Autrement dit une vestale. Voir Tite-Live, IV, 44.

38. Cf. *Vie de Thémistocle*, 23.

39. Distique emprunté à *Cresphonte*, tragédie perdue d'Euripide. Cf. Nauck, *T.G.F.*, Euripide, p. 458, p. 501.

40. Citation de Platon (*Lois*, 731 e) souvent répétée au cours de ce traité.

41. Expressions méconnues, sauf la deuxième, fréquente dans les poèmes homériques ; citons *Il.*, IV, 350 ou XIV, 83.

42. *Lois*, 717 e et 935 a.

43. Cf. *De garrulitate*, 515 A. Passage manifestement interpolé, donc difficile à saisir.

44. Citation d'origine inconnue.

45. Voir note précédente.

46. Xanthippe, exemple parfait de la mégère inapprivoisable, n'est pas une figure de Platon. Elle provient de la tradition cynique qui a puisé ce trait dans Xénophon. Voir par exemple *Banquet*, 2, 10.

47. Pindare, *Fragments*, 123.

48. Anecdote souvent répétée : cf. *César*, 57 ou *Cicéron*, 40.

49. Plutarque a coutume de se défier des mauvaises joies qui sous des prétextes en apparence estimables s'installent dans l'âme et finissent par se transformer en tares morales. Il faut donc faire fi des apparences les plus délectables : par exemple, les éloges d'un sycophante ne sont autre qu'une malveillance qui hésite à poindre sous le langage de l'aménité ; ils ont la perfidie du scarabée qui

esquive le regard et trouve abri dans le calice d'une rose (voir *De Herodoti malignitate*, 874 BC et *Adversus Coloten*, 1120 D).

50. Plutarque, *Quaestiones conuiuales*, VIII, 729 E.

51. Une erreur s'est glissée dans le passage : c'est Cnaeus Domitius Ahenobarbus, tribun du peuple en 104 av. J.-C., qui fit office d'accusateur, prétendant que Scaurus avait violé des rites au cours d'une cérémonie ; quant à l'esclave, il appartenait à Scaurus lui-même. Sur cette anecdote, lire Cicéron, *Pro rege Deiotaro*, 11 (31).

52. Voir Edmonds, *Lyra Graeca*, II, p. 278.

53. Pindare, *Fragments*, 212.

54. Il s'agit ici des fossés de dérivation par lesquels on détourne l'eau. L'image est fréquente dans le *De fraterno amore*, 487 F ou dans les *Mémorables* de Xénophon, I, 4, 6.

55. Expression quasi proverbiale empruntée à Hésiode (*Les Travaux et les Jours*, 25-26, puis 24).

56. Plutarque cite souvent ce mot ; voir par exemple *Vie de Thémistocle*, 3, 3.

57. *Lois*, 728 a.

58. *Fragments*, 4, 10-11.

59. Voir *supra*.

# Sur la manière de distinguer le flatteur d'avec l'ami

### *L'amour-propre est le commencement de la flatterie, pratique irréligieuse par excellence.*

1. Lorsqu'un homme donne sans cesse en paroles des témoignages d'amour-propre, mon cher Antiochus Philopappos [1], Platon remarque que tout le monde lui trouve des excuses ; et pourtant ce sentiment, ajoute-t-il, parmi une pléthore de vices très différents, en renferme un de belle taille et qui empêche de porter sur soi-même un jugement intègre et sans partialité. « Car l'amant s'aveugle sur ce qu'il aime [2] », à moins qu'il n'ait su, par une étude spéciale, s'accoutumer à estimer et à rechercher le beau de préférence à l'inné et au familier. Au sein de l'amitié, voilà qui ouvre au flatteur un vaste champ d'action : notre amour-propre lui est un terrain d'accès tout à fait propice à l'investigation de nous-même ; à cause de lui, chacun de nous est pour soi-même le premier et le plus grand adulateur, n'hésitant pas à faire confiance au flatteur étranger dont il espère avoir le suffrage pour confirmer ses croyances et ses désirs. En effet, celui qu'on accuse d'aimer la flatterie n'est autre qu'un homme éperdument amoureux de lui-même [3] qui, dans la passion

qu'il se porte, désire et croit posséder toutes les qualités ; or, si le désir est naturel, la croyance n'en est pas moins aléatoire et elle réclame beaucoup de circonspection. Mais à supposer que la vérité soit divine et qu'elle soit, selon le mot de Platon, le principe « de tous les biens pour les dieux et de tous les biens pour les hommes [4] », le flatteur risque fort d'être l'ennemi des dieux et surtout du dieu Pythien, puisqu'il ne cesse d'être en contradiction avec le « connais-toi toi-même », en illusionnant chacun sur son propre compte et en l'aveuglant sur soi-même, ou sur les vertus et les vices qui sont en lui, dont il rend les unes imparfaites et inachevées, les autres tout à fait incurables.

### *Le flatteur, ce parasite des natures nobles, est attentif aux revers de fortune.*

2. Si dans ces conditions le flatteur, comme toute autre engeance, s'attaquait ordinairement ou essentiellement aux natures vulgaires et médiocres, il serait moins redoutable et l'on s'en garantirait plus aisément. Mais de même que les vers pénètrent plutôt dans les bois tendres et odorants, de même ce sont les cœurs généreux, honnêtes et débonnaires qui accueillent le flatteur et le nourrissent quand il s'accroche à eux. Ce n'est pas tout : comme l'a dit Simonide, « l'élevage des chevaux ne suppose pas une Zacynthe mais des terres fertiles [5] » ; ainsi la flatterie, de toute évidence, n'est point l'acolyte des indigents, des anonymes ou des démunis, mais elle fait péricliter et se consumer les maisons et les entreprises d'importance, allant même souvent jusqu'à renverser les royautés et les empires. Ainsi n'est-ce

pas une affaire dérisoire n'exigeant qu'un brin de prévoyance que d'épier ses manœuvres pour la prendre sur le fait et l'empêcher de ne faire tort à l'amitié et de la rendre suspecte. La vermine en effet s'éloigne des mourants et abandonne les cadavres où se coagule le sang dont elle se nourrit ; quant aux flatteurs, ils dédaignent le commerce des existences desséchées et refroidies, mais affriandés par la gloire et la puissance, ils s'en gavent et décampent au plus vite quand la roue a tourné [6].

Mais il faut se garder d'attendre jusqu'à l'accomplissement de cette expérience qui est inutile, ou plutôt nuisible et dangereuse : il est triste, quand vient le moment de recourir à ses amis, de sentir que ce ne sont pas des amis qu'on avait et qu'il n'est pas possible de changer un cœur malhonnête et pusillanime contre un cœur sincère et constant. Or il en est de l'ami comme des pièces de monnaie : il faut le mettre à l'épreuve avant usage, et ne pas attendre que ce soit l'usage qui nous détrompe [7]. Car ce n'est pas après avoir été dupé, mais pour ne pas l'être précisément, que nous devons éprouver et démasquer le flatteur ; sans cela, nous connaîtrons le même sort que ces goûteurs qui dégustent à l'avance des poisons mortels et ne jugent de leur effet qu'aux dépens de leur santé et de leur vie [8].

Car nous ne louons pas davantage ces imprudents que nous n'approuvons ces hommes [9] qui, posant pour principe qu'un ami doit uniquement chercher l'honnête et l'utile, s'imaginent, quand on fait preuve d'aménité dans le commerce de la vie, qu'on est immédiatement convaincu d'adulation. Un ami ne saurait être ni dur ni intraitable, et ce n'est point l'aigreur ni l'austérité qui fait la noblesse de l'amitié. Au contraire, cette dignité même et cette beauté qui la caractérisent consistent dans sa douceur et dans ses charmes.

« C'est près d'elle que logent les Grâces et le Désir [10] »,

d'ailleurs ce n'est pas seulement pour les malheureux, comme le dit Euripide, qu'il est doux,

« En fixant son ami, de rencontrer ses yeux [11] » ;

mais l'amitié n'ajoute pas moins de plaisir et d'agrément aux succès qu'elle n'ôte de peines et d'embarras aux revers. Et de même que, selon le mot d'Événos, le feu est le meilleur des condiments [12], ainsi, en mêlant l'amitié à la vie, la divinité a répandu de l'éclat, de la douceur et de la tendresse partout où elle signale sa présence et où elle collabore avec la jouissance. Au reste, si l'amitié ne montrait aucune complaisance dans son commerce avec l'agrément, on aurait peine à comprendre pourquoi ce serait par les plaisirs que le flatteur chercherait à s'insinuer auprès de nous. Mais en fait, à l'instar de l'or de contrefaçon ou du métal de mauvais aloi, ces succédanés de la brillance et des scintillations de l'or véritable, le flatteur, imitant la douceur et la bonne grâce de l'ami, a soin de paraître toujours badin et épanoui : il ne s'oppose à rien, il ne contredit jamais. Il ne faut donc pas, dès que quelqu'un nous loue, le soupçonner de vouloir nous flatter ; car il n'appartient pas moins à l'amitié de louer que de blâmer à propos. Je dis plus : un excès d'aigreur ou d'amertume ne s'accorde ni avec l'amitié ni avec l'urbanité. Au contraire, lorsque la bienveillance amicale décerne avec libéralité et empressement les éloges dus au bien, on reçoit patiemment et sans chagrin des remontrances et des semonces pétris de franchise, qu'on écoute avec confiance et dont on lui sait gré, convaincus qu'ils sont nécessaires puisqu'ils viennent d'un homme qui loue aussi volontiers qu'il blâme à son corps défendant.

### *Il est difficile de distinguer le flatteur émérite de l'ami.*

3. « Il est donc difficile », dira-t-on, « de distinguer le flatteur d'avec l'ami » si le plaisir ou l'éloge n'en sont point le critère distinctif, car en fait de prévenances et de menues privautés, la flatterie, de toute évidence, va plus loin que l'amitié. Eh bien quoi ? répondrons-nous, n'est-ce pas une entreprise de longue haleine que de poursuivre le flatteur patenté, celui qui sait exercer son office avec talent, en homme habile, et non, comme fait le vulgaire, de prodiguer ce nom à ces parasites, à ces pique-assiettes ou à ces gens qui, comme disait quelqu'un, ne font entendre leur voix qu'après l'ablution des mains [13]. Ces gens, nous ne sommes pas enclins à les regarder comme flatteurs : l'abjection de leur caractère se donne libre cours dès le premier service, après le premier verre, à travers quelque bouffonnerie ou quelque indécence. Il eût été inutile par exemple de démasquer Mélanthios, ce parasite d'Alexandre de Phères, qui lorsqu'on lui demandait de quelle manière Alexandre avait été tué, ne rougissait pas de répondre : « d'un coup qui lui traversa le flanc et qui visait mon estomac [14] » ; il en est de même de ces assiégeants [15] qui tournoyent sans cesse

autour d'une table bien pourvue, et que « la flamme, ni le fer, ni l'airain ne pourraient écarter d'un souper » ; ou bien encore de ces adulatrices chypriotes qui, après être passées en Syrie, furent surnommées *escabelles*[16], parce qu'elles courbaient l'échine pour aider les épouses des rois à monter dans leur char.

### *Les plus habiles flatteurs sont ceux qui savent se dissimuler : ils sont difficiles à identifier.*

4. Quel est donc le flatteur dont il faut se défier ? Serait-ce celui qui ne veut ni se donner ni s'avouer pour tel, celui qu'on ne surprend jamais en maraude autour des cuisines, qu'on n'interrompt point à mesurer les ombres et à calculer l'heure du dîner, qui ne tombe pas ivre mort à la première occasion ? Non point, le vrai flatteur, la plupart du temps, cultive l'abstinence en même temps que l'intrigue ; il croit devoir se mêler de vos affaires, il veut partager vos secrets ; en un mot, il joue son rôle d'ami sur le mode du tragédien et non point du bouffon[17] ou de l'acteur comique. Car, comme le dit Platon[18], « le comble de l'injustice, c'est de vouloir passer pour juste quand on ne l'est pas ». Il faut également considérer que la flatterie la plus pernicieuse n'est pas celle qui se montre, mais celle qui se cache, ni celle qui plaisante, mais plutôt celle qui est sérieuse : car elle rend suspecte la véritable amitié, avec laquelle il arrive souvent qu'elle se confonde, si l'on n'y prend pas garde. Gobryas, un jour qu'il poursuivait le Mage en fuite, tomba dans une chambre obscure et y engagea un duel serré ; or, voyant que Darius se tenait là, dans l'expectative, il lui cria de frapper, dût-il les percer l'un et l'autre[19]. Mais nous, qui ne pouvons aucunement adopter le

proverbe *périsse l'ami avec l'ennemi*[20], si nous désirons arracher au flatteur ce masque d'amitié qui lui est apparemment consubstantiel, nous avons surtout à craindre deux écueils : soit de repousser ce qui est utile en écartant ce qui est mauvais, soit de nous exposer à quelque désagrément en ménageant l'objet de notre attachement. Car, de même que de toutes les graines sauvages qui, dans le crible, se trouvent mêlées au froment, les plus difficiles à séparer sont celles qui lui sont analogues par leur forme et leur taille, attendu qu'elles ne tombent pas séparément si les trous du tamis sont trop étroits et qu'elles passent avec le reste si les mailles sont trop souples[21], de même il est bien malaisé, tant la flatterie veut prendre part à chaque émotion, à chaque mouvement, à chaque pratique et à chaque coutume de l'amitié, de faire une distinction entre l'une et l'autre.

### ***Ruses du flatteur.***

5. L'amitié est ce qu'il y a de plus doux au monde et rien ne nous réjouit davantage ; voilà pourquoi le flatteur use des plaisirs à des fins de séduction et qu'il est l'homme des plaisirs. C'est également parce que l'envie d'obliger et de se rendre utile marche dans le sillage de l'amitié (au point qu'un ami, dit-on, est plus indispensable que le feu et l'eau) que le flatteur, se vouant à corps perdu aux bons offices, s'attache sans cesse à faire profession de zèle, de diligence et d'empressement. Ce qui fonde d'abord l'amitié, c'est l'identité des régimes de vie et la ressemblance des mœurs[22] ; et généralement, la similitude des goûts et des aversions est la première chose qui nous lie et nous attache, eu égard à la conformité des sensations.

Le flatteur s'en rend parfaitement compte : et, comme un objet qu'on taille [23], il se transforme et se façonne, s'adaptant et se conformant par imitation à ceux dont il cherche à gagner le cœur ; ondoyant dans sa métamorphose et probant dans son imprégnation d'autrui, il pourrait faire songer à ce mot : « Non ! D'Achille tu n'es point le fils, mais le héros en personne [24]. » Mais voici ce qui dans tout manège est le plus adroit : ce que l'on nomme à l'évidence franc-parler, il remarque que c'est la langue caractéristique de l'amitié, comme on parlerait du langage propre à une créature alors que le défaut de franchise dénote selon lui indifférence et bassesse. Et sans négliger d'en imiter les dehors, pareils à ces cuisiniers talentueux qui, pour prévenir le dégoût des sauces douceâtres, y mêlent un assaisonnement de jus piquants et amers, les flatteurs affectent une sincérité qui n'est ni spontanée ni salutaire, qui vous lance un éclair menaçant, en l'espace d'un froncement de sourcils, et ne fait que chatouiller l'amour-propre en surface. Ainsi le personnage est-il donc difficile à surprendre et il ressemble à ces bêtes qui, ayant la faculté de changer de couleur, prennent celle de la terre ou de l'objet auquel elles s'attachent. Mais puisque le flatteur nous abuse, puisqu'il se drape d'une robe de faux-semblants, c'est à nous de le découvrir en signalant les différences qui le caractérisent et de le dépouiller, lui « qui se pare, comme le dit Platon, de couleurs et d'avantages d'emprunts, faute d'en avoir en propre [25] ».

### *La ressemblance des goûts est à l'origine de l'amitié : le flatteur la dissimule.*

6. Examinons donc la question à sa source. Le

principe de l'amitié, nous l'avons affirmé, est d'ordinaire le fait de tempéraments et de natures qui réagissent de concert, qui apprécient aptitudes et habitudes [26] morales de même aloi, et qui prennent plaisir aux mêmes activités, aux mêmes affaires, aux mêmes amusements. C'est de là qu'on a dit :

« Le vieillard au vieillard par ses discours sait plaire
Et la femme à la femme, et l'enfant à l'enfant
Le malade au malade ; et lorsque l'indigent
Rencontre son semblable, il sent moins sa misère [27]. »

Sachant [28] donc que c'est dans le plaisir éprouvé à des objets similaires que le commerce de l'amitié et de l'affection prend sa source, le flatteur tâche d'abord d'approcher chacun par ce moyen et de s'installer à son côté, à l'instar de celui qui met à profit l'étendue de quelques pâtures dans le but d'apprivoiser une bête sauvage [29]. Il s'avance insensiblement en affectant d'avoir les mêmes activités, les mêmes loisirs concernant des disciplines identiques, les mêmes soucis, les mêmes régimes de vie, puis il s'en imprègne jusqu'à ce que l'autre lâche prise, se laisse adoucir, et souffre sans déplaisir sa main caressante. Il ne cesse de blâmer tout ce qu'il croit désagréable à l'autre, occupations, manières de vivre, individus ; au contraire, ce qui fait la délectation de sa victime, il veut s'en faire le laudateur, mais son éloge, qui ne donne guère dans la modération, sombre plutôt dans l'hyperbole et dans l'émerveillement enthousiaste. En dernier lieu, il confirme les engouements et les antipathies qu'il feint d'avoir en les mettant sur le compte de la raison plus que de la passion.

***Ondoyant et divers, tel est le flatteur.***

7. Comment donc le démasquer ? Et à quelles nuances distinguer celui qui n'est pas notre semblable, qui ne l'est point devenu, et cependant veut passer pour tel ? D'abord, il faut examiner si ses principes sont durables et s'ils sont inébranlables ; si toujours il se plaît aux mêmes choses, et s'il les approuve ; enfin, si sa vie est réglée et dirigée sur un seul et même plan, comme il convient à celui qui recherche, guidé par son libre arbitre, une amitié fondée sur la conformité des mœurs et des caractères ; car tel est un véritable ami. Quant au flatteur, en homme dont la psychologie n'a pas de consistance, il mène une vie fondée sur l'exigence d'un autre et non sur la sienne propre ; et c'est à l'imitation de cet autre qu'il s'arrange et se modèle ; aussi, loin d'être simple et un[30], il est multiple et varié, ondoyant comme un fluide que l'on transvase et qui, passant d'une forme à une autre, change de contours et de configuration selon le récipient qui l'accueille. Le singe[31] s'évertue, semble-t-il, à contrefaire l'homme et se laisse attraper quand il se démène et se trémousse en sa présence ; le flatteur, quant à lui, trompe son monde et le prend au piège d'un mimétisme qui, loin d'être uniforme, le pousse à chanter et danser avec l'un ou à lutter et se couvrir de poussière avec l'autre. Veut-il plaire à celui qui n'aime que vénerie et équipage canin, c'est tout juste si, marchant sur ses traces, il ne s'écrie pas comme Phèdre :

« Oui je brûle, ô grands dieux, d'attiser de la voix
Et de presser ma meute contre cerfs aux abois[32] ! »

En fait, il n'a cure du gibier, c'est le chasseur

qu'il traque et qu'il veut enlacer dans ses rets. Chasse-t-il en revanche un jeune homme lettré et studieux, il ne quitte plus les livres, sa barbe descend jusqu'à ses pieds, son unique souci est d'arborer la bure et l'indifférence philosophiques [33], il a sans cesse à la bouche et les nombres et les triangles rectangles de Platon. Mais que se présente à son tour un paresseux, ivrogne et riche de surcroît :

« Alors le sage Ulysse a quitté ses haillons [34] »,

la bure est jetée, la barbe est coupée comme une moisson stérile. Il ne s'agit plus désormais que de seaux à rafraîchir, de coupes, de rires dans les promenades et de persiflages contre les philosophes. Ainsi, dit-on, lorsque Platon arriva jadis à Syracuse et que la manie invétérée de la philosophie se fut emparée de Denys, le palais était envahi par la poussière que soulevait une foule de géomètres amateurs ; mais après que Platon eut été disgracié et que Denys, dégoûté de la philosophie, fut retombé dans sa passion du vin, des filles, des frivolités et de la débauche, tous ses courtisans, métamorphosés comme par un philtre circéen, retournèrent à l'ignorance, à la négligence et à la stupidité. Telle fut également la conduite de ces maîtres ès flatterie et de ces démagogues [35] dont le modèle incontestable fut Alcibiade : à Athènes, notre homme jouait les badins, élevait des chevaux, et menait une vie pleine d'enjouement et d'élégance ; à Lacédémone, il avait le crâne rasé, portait un manteau élimé et prenait des bains froids ; en Thrace, il guerroyait et s'adonnait aux beuveries ; et lorsqu'il arriva à la cour de Tissapherne, il se livra à la volupté, à l'efféminement et à la jactance ! Quoi qu'il en soit, il flattait le peuple et pénétrait dans les bonnes grâces de tous en s'identifiant à eux et en se conformant à leurs mœurs. Bien différents furent Épaminondas et Agésilas ; quoiqu'ils eussent été au contact d'un grand nombre d'hommes, de cités et de coutumes, ils restèrent fidèles à leur style personnel, dans l'art de se vêtir, dans leur régime alimentaire, dans leurs habitudes langagières et dans leur mode de vie. De la même façon, Platon fut à Syracuse tel qu'à l'Académie, et chez Denys tel que chez Dion.

### *Comment discerner le flatteur : premier signe de reconnaissance, les variations.*

8. Mais il est aisé de reconnaître les métamorphoses de ce poulpe qu'est le flatteur[36] : il faut affecter soi-même de l'inconstance en blâmant le genre de vie qu'on louait auparavant et en agréant, comme sous l'empire d'un brusque engouement, des occupations, des conduites, des façons de parler qu'on désapprouvait. Car on verra bien qu'il n'a rien de constant, rien qui lui soit personnel, et que ce n'est point à travers le prisme d'une affection propre qu'il aime ou hait, s'égaye ou s'afflige ; au contraire, on le verra réfléchir, comme un miroir, l'image des passions, des conduites et des affairements d'autrui. Se plaint-on d'un ami en sa présence ? Il est homme à répondre par exemple : « Que tu as tardé à démasquer ce personnage ; pour moi, c'est immédiatement qu'il me déplut ! » A l'inverse, change-t-on d'opinion et le couvre-t-on d'éloges ? Le voilà, juste ciel, qui rétorque impétueusement : « Je partage ta satisfaction, je t'en sais gré pour cet homme et ce en mon nom propre ; car j'ai en lui pleine confiance ! »

Parle-t-on de changer de vie, par exemple de quitter les affaires pour le repos et la tranquillité : « Depuis longtemps, dit-il, j'ai pensé qu'il fallait nous éloigner du tumulte et de la malveillance. » Mais songes-tu à rentrer dans la carrière politique, à revenir au barreau ? Il se fait ton écho et dit : « Voilà des sentiments dignes de toi : l'oisiveté n'est pas sans charme, j'en conviens, mais elle est peu glorieuse ; elle humilie son homme ! » Il faut donc dire sur-le-champ à un tel personnage :

« Te voilà, étranger, différent de naguère[37] ! »

Qu'ai-je à faire d'un ami qui suit tous mes mouvements et qui opine sans cesse dans ma direction : mon ombre à cet égard y réussit mieux que lui. J'en veux un qui cherche avec moi la vérité et m'aide à porter un jugement. Voilà donc une des manières de reconnaître le flatteur.

### *Deuxième signe : le flatteur confond toutes les valeurs morales.*

9. Mais, voisine de ces tentatives d'identification aux victimes, il est une autre différence du même style que l'on doit surveiller : l'ami véritable n'est pas un imitateur patenté de tout ce qui nous concerne, pas plus qu'il n'en est un approbateur forcené : il approuve seulement ce qui relève du meilleur. Et comme dit Sophocle, il est fait pour

« partager notre amour, mais non pas notre haine[38] »,

et, grands dieux, pour partager avec nous des succès

honorables et un amour du beau, sans être pour autant l'acolyte de nos égarements et le complice de nos faiblesses. Et pourtant, qui sait si, chose courante en cas d'ophtalmie, un écoulement contagieux, conséquence de la fréquentation des autres et du partage de toute vie, ne nous remplira pas à contrecœur de mauvaises habitudes et d'erreurs. Ainsi, les intimes de Platon, à ce qu'on dit, contrefaisaient son dos voûté, ceux d'Aristote faisaient les bègues à son instar, et ceux du roi Alexandre penchaient la tête et grasseyaient avec rudesse dans la conversation. Car il est bien vrai que certains individus se règlent à l'envi et de façon inconsciente sur les mœurs et la manière de vivre de ceux qu'ils fréquentent. Mais pour le flatteur, il est entièrement semblable au caméléon, qui peut revêtir toutes les teintes excepté la blanche ; et s'il ne sait parvenir à une exacte ressemblance dans les domaines dignes de son acharnement, il ne laisse pas d'imiter tout ce qui est vil. A cet égard, les peintres sans talent, dont le faible pinceau est incapable de rendre les beaux traits, s'arrêtent à la minutieuse représentation des rides, des éphélides et des cicatrices. A leur instar, le flatteur fait mine de reproduire l'intempérance de son modèle, sa superstition, sa colère, son aigreur à l'égard des domestiques, sa défiance à l'égard des familiers et des proches. Car ses inclinations naturelles le portent spontanément au vice, et il nous imite exprès dans le mal, pour paraître encore moins songer à nous le reprocher[39]. En effet, quiconque ne s'attache qu'à un idéal de vertu est soupçonné de haïr et de condamner les fautes de ses amis : soupçon qui causa seul la perte et la ruine totale de Dion dans l'esprit de Denys, de Samios dans celui de Philippe, de Cléomène dans celui de Ptolémée. Mais le flatteur, qui veut nous être semblable, et plus encore le paraître, sait nous plaire et gagner notre confiance. Il s'autorise de ce qu'il appelle son entier dévouement pour ne point blâmer ce qui est mal et pour sympathiser avec nous et partager nos affinités en toutes choses. Aussi les flagorneurs ne veulent-ils point rester étrangers même à ce qui est involontaire ou hasardeux. Et quand ils font leur cour à des valétudinaires, ils feignent de ressentir les mêmes maladies, simulant une mauvaise vue ou une audition difficile, lorsque ceux qu'ils fréquentent sont quasiment sourds ou qu'ils n'y voient goutte. Ainsi, les flatteurs de Denys, quand sa vue se mit à baisser, se bousculaient entre eux et, à table, renversaient les plats. Quelques-uns vont plus loin dans l'entreprise : ils veulent se contrefaire jusqu'au tréfonds de l'âme et s'imprégner des passions les plus intimes et les plus secrètes des hommes qu'ils flattent. Les informe-t-on d'un malheur conjugal ou de différends avec ses enfants ou ses domestiques, aussitôt, sans s'épargner eux-mêmes, ils se lamentent du chagrin que leur causent leurs propres enfants, leur femme, leurs parents et leurs amis, et font de nouveaux griefs en guise de confidences. Car la ressemblance affermit la communauté des sentiments et, après avoir en quelque sorte reçu des gages, on laisse échapper en leur présence quelque aveu secret ; dès lors, un commerce s'établit entre les intéressés et l'on craint d'être en reste avec tant de confiance. Je connais pour ma part un flatteur qui répudia sa femme sous le prétexte que son ami avait jeté la sienne dehors. Mais comme il continuait de la voir secrètement et de recevoir ses visites, son manège fut éventé : ce fut la femme de l'autre qui le découvrit. C'est dire qu'il fallait bien mal connaître le flatteur pour estimer que les ïambes qui vont suivre lui convenaient mieux qu'au crabe :

« Tout son corps n'est que ventre et ses regards perçants
Pénètrent en tout lieu ; il rampe avec ses dents[40] »,

car c'est là le portrait du parasite, le portrait

« D'un de ces amis de poêle à frire et de l'après-dîner »,

comme dit Eupolis[41].

### *Troisième signe : il se laisse surpasser.*

10. Mais à ce sujet référons-nous à la partie de notre traité qui leur est réservée. Il est toutefois en matière d'imitation un artifice du flatteur que nous ne devons pas omettre : c'est, lorsqu'il imite quelque bonne qualité, de laisser à sa victime la prééminence. Car les vrais amis ne sont animés mutuellement d'aucune rivalité, d'aucune jalousie : quels que soient leurs succès, égaux ou inégaux, ils n'en conçoivent ni impatience ni orgueil. Mais le flatteur, toujours attentif à n'être qu'un second couteau, ne prétend jamais à l'égalité et convient qu'on le surpasse et devance en tout, excepté dans le mal, car alors il dispute le premier rang. Avez-vous l'humeur maussade ? Il se dit mélancolique. Etes-vous superstitieux ? Il se dit fanatique. Etes-vous amoureux ? Il est fou d'amour. « Vous avez pouffé à contretemps ? », dit-il, « mais moi, j'ai failli crever de rire. » Dans les qualités louables, c'est tout le contraire : à l'entendre, « il est rapide à la course, mais vous avez des ailes »,

« il sait manier son cheval, mais il n'est rien en comparaison d'un centaure tel que vous », « j'ai de la verve poétique, dira-t-il, et je taquine assez bien l'hémistiche,

« Mais je n'ai point la foudre qui est le fait de Zeus[42] »,

car il pense du même coup mettre en valeur le goût de son interlocuteur en l'imitant et rendre hommage à son talent supérieur en lui cédant la palme. Tels sont les traits distinctifs qui séparent le flatteur de l'ami, dans le monde de l'imitation.

### *Le but de la flatterie : plaire coûte que coûte.*

11. Mais puisque le plaisir, nous l'avons dit, est un facteur commun (car l'homme de bien n'est pas moins heureux de ses amis que le vicieux ne l'est de ses flatteurs), tâchons encore de faire la distinction. Elle consiste à rapporter le plaisir à sa fin. Considère le problème sous cet angle : le parfum et l'antidote ont tous deux une douce fragrance, avec cette différence que l'un n'est bon qu'à flatter l'odorat, tandis que l'autre, essentiellement purgatif, réchauffant ou cicatrisant, n'est que fortuitement odorifère. Autre exemple : les peintres obtiennent par la composition des couleurs et des teintes pleines d'éclat, mais il est aussi des drogues médicinales dont l'aspect est brillant et la couleur n'a rien de rebutant. Où est donc la différence ? Évidemment ce sera l'usage final qui nous les fera distinguer. De la même façon, les grâces qui président à l'amitié, outre qu'elles comportent de la noblesse et de l'utilité, ont un charme qui est comme leur fleur, et que de fois une

partie de plaisir, la table et le vin, que de fois, par Zeus, le rire et les propos folâtres ont servi pour ainsi dire d'assaisonnement à des sujets honnêtes et sérieux ! C'est ce qui fait dire à un poète :

« Ils s'égayaient entre eux par des propos badins[43] »

et

« Quel autre différend, altérant nos deux cœurs,
D'une amitié si tendre eût troublé les douceurs[44] ? »

Mais pour ce qui est du flatteur, son affaire, son unique dessein, c'est de mitonner et de mijoter une facétie, réelle ou verbale, par plaisir ou pour le plaisir. En résumé, il croit devoir faire tout pour être agréable, tandis que l'ami, accomplissant toujours le nécessaire, fait souvent preuve d'agréments, mais est aussi cause de déplaisir[45]. Non pas qu'il veuille se rendre déplaisant, mais s'il voit qu'il est meilleur de l'être, il ne reculera pas non plus devant cette nécessité.

Car, de même qu'un médecin, si la chose est utile, administre le safran et le nard[46] et, par Zeus, prescrit souvent des bains rafraîchissants ou une nourriture friande, mais parfois laisse de côté ces remèdes et vous bourre de castoreum[47],

« Ou de polium[48] puant, à la fétide odeur »,

ou vous oblige à boire une poudre d'ellébore sans avoir l'intention de vous nuire, pas plus qu'il n'avait désiré auparavant vous faire plaisir, puisque dans un cas comme dans un autre c'est l'intérêt de votre santé qui l'avait guidé, de même l'ami saura quelquefois te prodiguer éloges et discours obligeants pour te conduire au bien, comme fait celui-ci :

« Teucer, tête aimée, roi, fils de Télamon,
Dirige ainsi ta lance[49]... »

ou cet autre :

« Pourrais-je t'oublier jamais, divin Ulysse[50] ? »

et, quand il y aura besoin de corriger, d'attaquer avec une parole incisive et une franche liberté pleine de sollicitude, il n'hésitera pas à dire :

« Fils de Zeus, Ménélas, perdis-tu la raison ?
Ce n'est pas à toi-même que sied telle folie[51]... »

Quelquefois même, l'ami joint le geste à la parole : ainsi Ménédème[52], voyant que le fils de son cher Asclépiade menait une vie de débauche et de libertinage, le fit rentrer dans le devoir en lui fermant sa porte et en lui refusant le salut. De même Arcésilas défendit l'entrée de son école à Batôn qui, dans une comédie, avait inséré un vers satirique contre Cléanthe : il fallut le pardon accordé par ce dernier ainsi que le repentir de l'offenseur pour que la réconciliation s'opérât[53]. Car si l'on afflige celui qu'on aime, il faut que ce soit dans son intérêt et sans détruire l'amitié par des paroles chagrines. Le reproche mordant ne doit être qu'un remède destiné à sauver et à garantir celui que l'on soigne. C'est pour cela que, semblable à un musicien, l'ami sait, en vue du beau et de l'utile, modifier le ton de son instrument : tantôt il relâche les cordes, tantôt il les resserre ; il est souvent agréable, toujours il est utile. Mais le flatteur, qui n'a constamment qu'une corde, celle du plaisir et de l'agrément, a coutume de la faire résonner seule. Il ne connaît pas le sens d'un acte d'opposition, d'une parole contrariante ; esclave des volontés d'autrui, il se parle et chante toujours à son unisson. Xénophon raconte qu'Agésilas[54] recevait volontiers les éloges de ceux qui dans l'occasion savaient le reprendre. Nous pouvons de même ajouter foi aux douceurs et aux complaisances d'un ami qui sait au besoin nous résister et nous déplaire. Mais tenons pour suspecte l'amitié d'un homme qui ne s'étudie qu'à flatter nos penchants et nos plaisirs, sans avoir jamais le courage de nous reprendre. Et, à la vérité, il faut avoir présent à l'esprit ce trait de Lacon qui, entendant un panégyriste du roi Charillos, s'écria : « Eh quoi ! peut-il être homme de bien, lui qui n'est même pas âpre à l'adresse des méchants ? »

### *Danger des louanges qui donnent au vice le nom de la vertu.*

12. On dit que le taon se glisse sous les oreilles des taureaux et la tique sous celles des chiens. Les ambitieux ont leur insecte, qui est le flatteur. Il s'empare de leur oreille en les chatouillant ; il s'y attache ; et difficilement on l'enlève pour l'écraser. Aussi est-il nécessaire, en pareil cas, d'avoir recours à un jugement vigilant et éclairé pour distinguer si ce sont nos actions ou notre personne qu'il loue. On reconnaîtra que la louange est décernée à l'acte, si elle concerne des absents plutôt que des présents, si elle émane de gens qui eux aussi ont même vouloir

ou même idéal, si elle ne nous concerne pas en particulier, mais si elle s'adresse aussi à tous ceux qui ont agi de façon semblable, si elle ne vise pas des gens qui changent sans cesse d'avis, et enfin voilà le critère décisif, si nous avons nous-mêmes conscience de ne pas regretter ce qui nous vaut ces louanges, et si nous ne voudrions pas avoir fait ou dit tout le contraire. Car nous portons en nous-mêmes un tribunal devant lequel nous nous jugeons à notre tour. Or, ce tribunal n'admet pas l'éloge ; il est impavide, inflexible, et le flatteur ne saurait y prévaloir par surprise. Mais je ne sais comment il se fait que la plupart des hommes, quand ils sont malheureux, ferment l'oreille aux consolations, et se laissent plutôt mener par leurs compagnons d'infortune et de lamentations ; et quand ils ont commis une faute et manqué à quelque devoir, celui qui par ses remontrances et ses blâmes cherche à leur inspirer un repentir salutaire fait figure à leurs yeux d'ennemi et d'accusateur. Qu'on leur adresse au contraire des louanges, qu'on les félicite pour leur conduite, ils se répandent en embrassements et prennent cette approbation pour une marque de bienveillance et d'amitié. Sans doute ceux qui sont toujours prêts à vanter ou applaudir une action ou une parole isolée, qu'elle soit sérieuse ou plaisante, et ce pour n'importe quoi, ces gens, dis-je, ne sont nuisibles que dans le présent et l'immédiat. Mais quand par ces éloges on pénètre le caractère, et que les flatteries ont pour effet d'attaquer, juste ciel, le moral lui-même, on ressemble alors à ces esclaves qui volent du blé, non quand il est encore en épi, après la moisson, mais sur la portion qui est destinée à l'ensemencement. Car ce sont les dispositions de l'âme, c'est-à-dire la semence de nos actes, principe et source de vie, que les flatteurs corrompent en donnant aux vices les noms des vertus. Dans les séditions et dans les guerres, écrit Thucydide, « les hommes en vinrent, pour qualifier les actes, à modifier arbitrairement le sens habituel des mots. L'audace insensée passa pour du courage et du généreux dévouement aux siens, l'attentisme prudent pour de la poltronnerie dissimulée sous des apparences honorables, et la modération pour le masque de la pusillanimité ; l'homme d'esprit, assez ouvert pour embrasser les aspects d'une situation, était jugé inapte à l'action[55] ».

Dans la bouche du flatteur, et c'est ce qu'il faut savoir déceler si l'on veut se tenir sur ses gardes, la prodigalité s'appelle de l'humeur libérale, la couardise une précaution sage, l'instabilité de la promptitude, la mesquinerie un goût de la mesure, la passion amoureuse, tendresse et sensibilité ; il nomme courage ce qui est colère et dédain, bienveillance ce qui n'est qu'humilité et bassesse de cœur. Comme dit Platon quelque part, l'amoureux se fait le flatteur de ce qu'il aime[56]. L'homme camard a, dit-il, une physionomie piquante ; le nez aquilin est un appendice de roi ; les carnations foncées donnent l'air mâle ; les teints pâles appartiennent aux fils des dieux ; quant à ces teints qui reçoivent l'épithète de « couleur de miel », ils sont de la pure invention des amants qui veulent faire prendre le change et cherchent à donner un favorable nom à la pâleur de l'objet aimé. Or, celui qui se laisse persuader qu'il est beau quand il est laid, et grand quand il est petit, ne saurait être longtemps dupe d'une illusion brève, dont le dommage est léger et aisément repérable. Mais quelles suites terribles n'a pas ordinairement cette louange qui, nous accoutumant à regarder nos vices comme des vertus, à nous y complaire au lieu de nous en affliger, ôte au mal la honte qu'il doit naturellement inspirer. Cette louange causa la ruine complète des Siciliens en qualifiant la cruauté des Denys et des Phalaris de « haine pour les méchants » et d'« équité ». Elle perdit l'Égypte en nommant piété et dévotion le mol efféminement de Ptolémée, sa superstition, ses hurlements fanatiques, la stridence des danses et des tambourins. Elle faillit renverser et détruire, aux siècles derniers, cet empire romain si admirable en désignant par euphémisme le luxe, les débauches, les fêtes grandioses d'Antoine comme des jeux plaisants et allègres alors qu'il s'agissait des excès du pouvoir et de la fortune. Qui d'autre ajustait à la bouche de Ptolémée mentonnière et flûte, qui d'autre dressait pour Néron une scène tragique et l'affublait du masque et des cothurnes ? N'est-ce pas la louange des flagorneurs ? N'est-ce pas elle qui précipite la plupart des souverains qu'elle séduit en leur faisant croire à force de qualificatifs laudateurs qu'ils sont des Apollons quand ils fredonnent un air, des Dionysos lorsqu'ils s'enivrent, et des Héraklès s'ils s'exercent à la lutte ?

## *Les artifices des flatteurs pour déguiser les éloges.*

13. C'est donc quand le flatteur nous encense qu'il faut nous défier de lui. Il ne l'ignore pas et il est fort habile à prévenir les soupçons ; s'il entreprend un homme cossu ou un rustique couvert d'une grosse pelisse, il est tout persiflage comme Strouthias accablant Bias [57] de quolibets et insultant sans ménagement sa bêtise sous le couvert d'éloges :

« Tu as bu davantage que le roi Alexandre[58] »

et

« Ah ! je ris en songeant au coup du Chypriote[59] ».

*Il les met dans la bouche des autres.*

Mais a-t-il affaire à des gens plus fins, qui sont sur leurs gardes et surveillent la place et le terrain, il ne pratique aucun éloge frontal mais il l'amène par de longs détours, se rapprochant de ses victimes au gré d'un encerclement imperceptible, comme on fait pour apprivoiser un animal rétif, en l'effleurant du bout des doigts. Tantôt, à la manière des orateurs, il emploie la prosopopée et met votre louange dans la bouche d'autrui, en précisant avec quel plaisir extrême il a rencontré sur la place des étrangers ou de respectables vieillards qui, pleins d'admiration pour votre mérite, disaient le plus grand bien de vous. Tantôt, feignant de rapporter sur votre compte une légère calomnie qu'il aura lui-même inventée à dessein, et de la tenir d'un tiers, il arrive avec empressement pour savoir en quel temps, en quel lieu vous avez pu commettre un tel acte. Et, après un désaveu auquel il s'attend bien, il prend l'occasion de vous enlacer dans les rets de son éloge. « J'étais en effet bien étonné, dit-il, que tu eusses médit d'un ami, toi qui n'en dis jamais de tes ennemis ; ou que tu eusses voulu t'approprier le bien d'autrui, toi qui es si largement prodigue du tien ! »

*Il blâme les vertus que n'ont pas ceux qu'il flatte.*

14. D'autres flatteurs imitent les peintres qui font

ressortir les effets de lumière d'un tableau en leur juxtaposant des ombres portées et des couleurs foncées : en critiquant, en stigmatisant, en déchirant et en ridiculisant les vertus contraires, ils réussissent, sans se trahir, à célébrer et fomenter secrètement les vices de ceux qu'ils flattent. Avec des dépravés, ils censurent la sagesse comme un signe de rusticité ; face aux hommes cupides et sans scrupules, qui se sont enrichis par des moyens condamnables et criminels, ils qualifient de pusillanime et d'impuissant l'homme modéré et content de son statut. S'ils se trouvent avec des êtres indolents, désœuvrés, « qui fuient le cœur des cités [60] », ils ne rougissent pas de définir l'administration de l'État comme une fastidieuse et infructueuse ingérence dans les affaires des gens et de qualifier l'ambition de mirage stérile. Ajoutons que, pour flatter l'orateur, on déprise violemment le philosophe, et qu'auprès des catins on joue les jolis cœurs en disant des femmes vertueuses, exclusivement attachées à leur époux, qu'elles ont l'âme campagnarde et qu'elles sont insensibles à Aphrodite. Mais le comble de la duplicité, c'est pour les flatteurs de ne point s'épargner eux-mêmes, et qu'à l'instar des lutteurs qui se baissent pour faire choir leur adversaire, ils passent discrètement du blâme de leurs propres défauts à l'éloge de leur victime : « Sur mer, je suis plus peureux que le dernier des esclaves ; devant les épreuves, je renonce ; si l'on m'offense, je me mets en fureur », dit le flatteur, qui s'empresse d'ajouter : « Il ne s'épouvante de rien, rien ne le rebute, c'est un homme à part, qui supporte tout avec douceur, tout avec équanimité. » Est-il un homme qui ait une haute idée de sa profonde sagesse, qui veuille passer pour ferme et austère, et qui, affectant une droiture infrangible, dise à tout propos :

« Dans l'éloge et le blâme, évitez tout excès,
Rejeton de Tydée...[61] »,

ce ne sera point par ce biais que notre maître renard l'attaquera. Il changera de batterie à l'égard d'un tel homme : c'est sur ses propres affaires qu'il vient, dit-il à sa dupe, lui demander conseil, comme à un esprit dont le jugement est le plus éclairé ; sans doute a-t-il d'autres amis avec qui il est bien plus lié ; mais il faut absolument qu'il s'adresse à lui, dût-il l'importuner. Il ajoute : « Où peut-on trouver un recours quand on a besoin d'un avis ? En qui placer sa confiance ? » Puis, après que l'autre a rendu réponse, il s'écrie, sans rien examiner, que c'est un oracle et non pas un conseil. S'il a remarqué que notre homme s'attribue quelques mérites littéraires, il lui remet une de ses compositions, en le suppliant de la lire et de l'amender. Des courtisans de Mithridate, voyant qu'il aimait la médecine, lui présentaient leurs membres pour qu'il les amputât ou les cautérisât. C'était une flatterie qui résidait dans le geste, non dans la parole, car aux yeux du monarque, la confiance qu'ils lui témoignaient rendait hommage à son habileté.

« Comme sont variées les formes du divin[62] ! »

Cette catégorie d'éloges qui ne s'avouent point appelle des précautions plus délicates, et on ne peut les démasquer efficacement que si l'on donne exprès au flatteur des conseils et des recommandations absurdes, et si l'on propose des corrections ridicules. S'il ne fait aucune objection, approuve tout, acquiesce à tout et qu'à chaque proposition il s'écrie : « Bien ! Parfait ! », on reconnaîtra fort aisément

« Qu'en feignant de vouloir prendre le mot du guet
Il songe, dans le fond, à un autre intérêt »[63] :

il veut uniquement louer autrui et exacerber sa vanité.

### *Louange muette.*

15. Autre chose encore : on a parfois dit que la peinture était une poésie muette. Pareillement, il est certains éloges qui relèvent d'une flatterie muette. Car de même que les chasseurs trompent plus sûrement le gibier s'ils paraissent moins occupés à vouloir le chasser qu'à poursuivre leur route, les flatteurs ne nous touchent jamais plus vivement par leurs éloges que lorsqu'ils font mine de ne pas nous louer, mais de faire autre chose. Céder soit son lit à table, soit son siège à un nouvel arrivant, s'interrompre quand on parle au conseil ou au temple à la vue d'un homme riche désireux de parler, et lui céder la tribune et la parole, c'est montrer par son silence, bien plus énergiquement que par toutes protestations du monde, quelle haute opinion on se fait de sa précellence et de sa capacité. Aussi voit-on les flatteurs s'emparer des premières places, aux assemblées et aux théâtres, non qu'ils s'estiment dignes de se les arroger, mais à dessein de faire leur cour aux riches en se levant et en les leur cédant. Dans les conseils et dans les tribunaux, ils prennent d'emblée la parole, puis ils battent en retraite, comme en présence d'orateurs plus autorisés ; et pour peu que leur contradicteur ait du crédit, de la fortune ou quelque renom, ils se rangent sans difficulté à l'avis contraire.

### *La déroute volontaire de ses propres opinions : le flatteur s'incline devant la richesse et le pouvoir.*

Voilà donc la meilleure occasion de démasquer ce genre de concessions et de déférences affectées que leurs serviteurs directs accordent non à l'expérience, à la vertu ou à l'âge, mais à la richesse et au crédit. Mégabyse ayant un jour voulu parler, dans l'atelier du peintre Apelle, de dessin et de jeu d'ombres, se vit répliquer : « Vois-tu ces garçons qui broient la terre ocre de Mélos ? Tant que tu gardais le silence, ils t'ont considéré avec attention et ont admiré ta pourpre et tes bijoux d'or. Mais depuis que tu parles de ce que tu ne sais pas, ils se moquent de toi. » A Crésus qui, dans un entretien, questionnait Solon sur le bonheur, ce dernier cita parmi les exemples de félicité supérieure, un obscur citoyen nommé Tellos, ainsi que Cléobis et Biton [64]. Mais les flatteurs, non contents de célébrer le bonheur et la fortune des rois, des riches et des notables, les mettent au-dessus du reste des hommes pour leur intelligence, leur habileté et leurs vertus en tous genres.

16. Et après cela, certains renâcleront devant les théories des stoïciens qui disent que le sage joint à la richesse la beauté, la noblesse et la souveraineté. Mais pour les flatteurs, du moment qu'un homme est riche, ils le proclameront tout ensemble orateur, poète, et s'il le veut même, peintre, joueur de flûte, coureur agile, athlète [65] vigoureux ; ils se laisseront exprès terrasser par lui dans la lutte ou devancer à la course, comme Crison d'Iméra, qui se laissa distancer en courant contre Alexandre ; mais le roi, qui s'en aperçut, témoigna son indignation. La seule chose, disait Carnéade [66], que les enfants des rois et

des riches apprennent convenablement, c'est à monter à cheval, et rien d'autre ; car, affirmait-il, si au cours de leur entraînement le maître les flatte en les couvrant d'éloges, et leurs concurrents à la lutte en se laissant battre, le cheval, lui, incapable de distinguer un quidam d'un notable ou un riche d'un pauvre, et bien loin de s'en embarrasser, désarçonne sans ménagement quiconque ne sait pas monter sur son dos. Quelles billevesées et quelles sottises disait Bion [67] en affirmant que « si l'on devait rendre un champ fertile et productif à force d'éloges, mieux vaudrait, à l'évidence, agir de la sorte plutôt que s'évertuer à le piocher. Aussi ne serait-il pas déplacé de louer un homme, si les compliments étaient utiles à ceux qui les prodiguent et si la reconnaissance de ce dernier n'était pas infructueuse ». Mais un champ ne risque pas de se détériorer sous les louanges, tandis que des éloges mensongers et immérités peuvent aveugler jusqu'à la folie et perdre celui qui en est dupe.

### *La pseudo-franchise du flatteur est une arme dangereuse.*

17. C'en est assez sur ce point ; pour continuer par ordre, voyons ce qui a trait à la franchise du langage. Lorsque Patrocle se revêtit des armes d'Achille et conduisit ses coursiers au combat, il s'abstint seulement de toucher à la lance du Pélion et renonça à s'en servir ; il faudrait de même que le flatteur, en s'affublant, pour se déguiser, des insignes et des attributs de l'amitié, s'abstînt de toucher à une seule chose qu'il évitât à tout prix de contrefaire : je veux parler de la franchise langagière, cette arme distinctive de l'amitié, cette

« Arme grande, arme forte, et solide entre toutes[68] ».

Or puisque, dans la crainte d'être trahis au milieu des rires, du vin, des sarcasmes, des plaisanteries, de telles gens s'avisent d'élever leur manège jusqu'à l'affectation d'une sourcilleuse sévérité, exercent leur flatterie d'un air chagrin, et mêlent à leurs adulations les avis et les réprimandes, sondons encore, sans les omettre, les traits de cette tactique. On voit dans une comédie de Ménandre un faux Héraklès s'avancer sur scène en arborant une massue qui, loin d'être compacte et solide, a tout d'un jouet factice, inconsistant et creux. De la même façon, la franchise du flatteur, si on la met à l'épreuve, se révèle molle, dénuée de poids et d'énergie. Elle produit le même effet que les oreillers à l'usage des femmes, lesquels semblent soutenir la tête et opposer quelque résistance, mais cèdent bien plutôt et s'affaissent : elle s'élève, elle s'enfle, de sorte qu'au terme de sa chute elle aboutit au néant, faisant choir l'hôte qui s'y reposait avec confiance.

La véritable franchise, celle qui caractérise l'amitié, s'attache à guérir les défauts ; et la douleur salutaire et conservatrice qu'elle cause ressemble aux effets du miel, qui, quoique doux et profitable, mord sur les chairs ulcérées, et a la vertu de les purifier. Elle sera pour nous l'objet d'une mention spéciale.

### *La franchise stigmatise le plus souvent des défauts secondaires.*

Le flatteur au contraire affecte hautement de l'aigreur, de l'acrimonie et de l'inflexibilité dans ses rapports avec autrui. Il est intraitable avec les domestiques, ardent à relever les fautes de ses parents et proches, et n'est animé à l'égard des étrangers d'aucune admiration, d'aucun respect, mais seulement de mépris ; rebelle à la miséricorde, calomniateur, il cherche exclusivement à irriter les autres à la colère. Il veut se faire une réputation d'ennemi du vice. A l'entendre, « il ne se relâcherait qu'à contrecœur d'une telle franchise ; il n'a jamais rien dit, jamais rien fait par complaisance ». Et néanmoins, après cela, il feindra d'ignorer les fautes réelles, les fautes capitales, et d'en rien connaître. Mais il sera furieux quand il s'agira de s'emporter contre des peccadilles légères et tout extérieures. Voit-il un vase ou un meuble déplacés, un intérieur mal tenu, de la négligence capillaire ou vestimentaire, un chien et un cheval peu soignés ? C'est pour de pareils objets qu'il fera éclater, dans la violence et la véhémence, son prétendu zèle. Mais des parents méprisés, des enfants abandonnés, une épouse indignement traitée, des proches dédaignés, un patrimoine dilapidé ne l'affectent point. Il reste muet et timoré. Il est comme un maître de gymnase qui laisse l'apprenti athlète s'amollir dans le vin et la débauche, mais fait la fine bouche sur l'emploi d'une fiole ou d'un strigile ; ou comme un maître de grammaire qui gronderait un enfant pour des tablettes et un stylet et lui passerait des barbarismes et des solécismes. Car le flatteur, en face d'un orateur lamentable et risible, est homme à ne pas s'attacher au fond du discours mais à mettre en cause sa voix et à le reprendre acerbement sous prétexte qu'« il gâte son larynx en buvant de la glace ». L'a-t-on chargé de lire un ouvrage misérable, il se plaint que le papier est trop gros et traite le copiste de barbouilleur négligent. Ainsi les courtisans de Ptolémée, voyant son goût pour les lettres, disputaient avec lui sur un point de vocabulaire, un hémistiche ou une question d'histoire, et prolongeaient l'entretien jusqu'au milieu de la nuit, mais pour ce qui est de sa cruauté, de sa morgue, de son tambourin et de ses fêtes initiatiques, pas un d'entre eux n'osa lui en faire le reproche [69]. Semblable à un chirurgien qui, se trouvant face à un malade souffrant d'abcès et de fistules, emploierait sa lancette à lui tailler les cheveux et les ongles, le flatteur n'use sa franchise que lorsqu'il n'a pas à craindre d'affliger ou de déplaire.

### *Le franc-parler peut aussi tomber dans l'éloge déguisé.*

18. D'autres, encore plus adroits que les précédents, s'attachent à rendre agréables la franchise et les reproches. Ainsi, Agis l'Argien, voyant Alexandre faire à un bouffon des présents considérables, s'écria, dans un mouvement de dépit et de mécontentement : « Quelle indignité absurde ! » Le roi se tourna vers lui avec colère et lui demanda ce qu'il venait de dire. « J'en conviens, répondit Agis [70], je ne puis voir sans rage et sans indignation que vous tous, enfants de Zeus, trouviez également du plaisir à écouter ceux qui vous flattent et vous divertissent ; car Héraklès faisait ses délices de je ne sais quels Cercopes ; Bacchus des Silènes ; et ce sont gens du même acabit qu'il faut voir en faveur auprès de vous. » Tibère étant venu un jour au sénat, on vit un de ses flatteurs se lever : « Puisque nous sommes des citoyens libres, dit-il, nous avons le droit de parler librement, sans aucune réticence,

sans aucune réserve sur ce qui regarde les intérêts publics. » Ce début ayant attiré l'attention et le silence de tous les sénateurs et de Tibère, « César, dit-il, entends le sujet de plainte que nous avons tous contre toi, et dont nul n'a le courage de te parler ouvertement. Tu négliges trop le soin de ta personne, tu compromets ta santé, tu t'épuises de soucis et de travaux pour nous, sans prendre de relâche jour et nuit ». Comme il continuait à débiter une foule de propos de ce genre, le rhéteur Cassius Severus, dit-on, s'exclama : « Voilà bien une franchise qui tuera son homme [71] ! »

### *Il blâme le contraire des défauts véritables.*

19. Ce sont là flatteries de moindre conséquence ; mais celles que je vais dire sont dangereuses et fatales si elles s'adressent à des hommes peu habitués à réfléchir : c'est quand on les accuse de passions et de défauts contraires aux leurs. Par exemple, Himérius, le flatteur, tout en sachant qu'un riche Athénien était d'une avarice sordide, le blâmait pour sa prodigalité et son insouciance, allant jusqu'à lui dire : « Un jour vous mourrez misérablement de faim avec vos enfants. » Et au contraire, à celui qui est dissipateur et dépensier, ils adresseront des reproches sur sa mesquinerie et sa ladrerie, comme faisait Titus Petronius [72] à Néron. Si des princes s'emportent contre leurs sujets jusqu'à la rigueur et la cruauté, les flatteurs les sommeront de renoncer à cette clémence excessive, à cette humanité qui est hors de saison et sans profit. Ainsi encore manœuvrera celui qui, pour flatter un niais, un poltron, un incapable, feint de se garer et d'avoir peur de lui

comme d'un homme terrible et décidé à tout entreprendre. Qu'un envieux aimant toujours à médire et à blâmer se laisse aller par hasard à faire l'éloge d'un personnage illustre, le flatteur prendra le panégyriste à partie et lui fera la guerre sur ce qu'il traitera de maladie. « Vous louez, dira-t-il, des personnes qui ne le méritent pas : car enfin, quel est cet homme, qu'a-t-il fait, qu'a-t-il dit de si brillant ? » Mais c'est principalement lorsque l'amour est en jeu que le flatteur porte ses plus grands coups et qu'il enflamme ceux qu'il adule. S'il les voit brouillés avec leurs frères, pleins de mépris pour leurs parents, de négligence pour leur femme, il se gardera bien de leur adresser des avertissements ou des reproches : il excitera davantage leur colère : « Tu ne sais pas te faire valoir ; c'est ta faute ; n'en accuse que ton obséquiosité et ton humilité. » Mais s'il s'agit d'une courtisane ou d'une femme mariée dont on s'amourache, et que l'on sente une démangeaison de colère ou de dépit, aussitôt le flatteur se présente avec sa franchise qui affecte un grand éclat. Il attise un feu déjà trop ardent, il fait le procès à l'amoureux, il l'accuse de n'être pas épris et de donner de nombreuses preuves d'une insensibilité désolante :

« Ô cœur trop oublieux d'embrassements si tendres[73]. »

C'est ainsi que les amis d'Antoine, voyant qu'il était fou de l'Égyptienne et qu'il brûlait pour elle, le persuadaient que c'était elle qui était amoureuse de lui, et ils lui reprochaient ce qu'ils appelaient sa froideur et ses dédains. « Voilà une femme, lui disaient-ils, qui abandonne un si grand royaume et le séjour le plus délicieux, qui altère sa beauté à te suivre dans les camps, qui accepte le rôle et les allures d'une concubine,

"Tu loges en ton cœur des pensées infrangibles [74]",

et tu te moques de ses chagrins. » Or Antoine, flatté qu'on l'accusât d'injustice, ne sentait pas qu'en paraissant vouloir le corriger on achevait de le pervertir. Une telle franchise peut être comparée aux morsures des prostituées, qui éveillent et activent les sensations voluptueuses au moyen de ce que l'on croirait devoir être douloureux. De même que le vin pur, remède souverain d'ailleurs contre la ciguë, devient, si on le mélange avec elle, inefficace contre la violence du poison, parce que celui-ci est porté promptement au cœur par la chaleur qui se développe, de même ces hommes pervers, sachant que la franchise est d'un puissant secours contre la flatterie, flattent précisément au moyen de la franchise. Aussi Bias [75] ne fit pas une bien belle réponse à quelqu'un qui lui demandait quelle est de toutes les bêtes la plus malfaisante : « Entre les animaux féroces, dit-il, c'est le tyran ; entre les bêtes apprivoisées, c'est le flatteur. » Il eût été plus vrai de dire qu'il y a des flatteurs apprivoisés qui ne veulent partager que nos bains et notre table ; mais que celui qui pousse jusqu'aux chambres, jusqu'au gynécée, comme des tentacules, son indiscrétion, ses calomnies, sa malice, celui-là est sauvage, féroce, intraitable.

### *Le seul moyen de lutter contre le flatteur est de prendre conscience de ses défauts.*

20. Il n'y a, de toute évidence, qu'une seule

manière de s'en défendre, c'est de prendre conscience et de ne jamais oublier que notre âme est le siège de deux facultés : l'une est douée de sincérité, de beauté et de sagesse, l'autre, fort déraisonnable, est un théâtre de mensonges et de violentes passions. Or, un ami véritable conseille et plaide en faveur de la meilleure partie, à l'instar du médecin qui se propose d'entretenir et de fortifier la santé, tandis que le flatteur, embrassant la cause de l'irrationnel et de la cupidité, la chatouille, l'excite, et par l'attrait des voluptés qu'il a soin de lui présenter, la séduit et la porte à se soustraire aux pouvoirs de la raison. Il est des aliments qui, sans augmenter la masse du sang et le volume du souffle, sans donner de la vigueur à la moelle et aux nerfs, enflamment les organes génitaux, amollissent et gâtent la chair. De même le flatteur, dont les discours sont incapables d'affermir en nous sagesse et raison, ne sait que nous familiariser avec les voluptés charnelles, faire naître des ardeurs déraisonnables, irriter la jalousie, susciter la boursouflure insupportable et creuse de l'orgueil, accompagner notre affliction de ses larmes, ou, par des calomnies et de sempiternels pressentiments, remplir d'aigreur, de petitesse et de défiance une âme portée à la malveillance, à la bassesse et à la mauvaise foi. Voilà un manège par lequel un esprit observateur pourra aisément le reconnaître. Car il sait que le flatteur épie pour ainsi dire le premier germe de nos passions à dessein de s'y insinuer, et sa présence indéfectible ressemble à celle du bubon qui pousse sur les ulcérations secrètes ou les inflammations de l'âme. « Tu es en colère ? Châtie, vous dira-t-il. Tu désires quelque objet ? Achète-le. Tu as peur ? Fuis. Tu as des soupçons ? Crois. » Il est peut-être difficile de le surprendre dans ces espèces d'emportements dont la violence et l'importance nous rendent sourds à la voix de la raison ; mais comme il est toujours le même, il donnera facilement prise sur lui dans plusieurs autres. Si, par exemple, craignant les effets de l'ivresse ou d'un bon repas, vous balancez à prendre un bain ou à vous mettre à table, un ami vous retiendra et vous recommandera l'abstinence et la réserve ; le flatteur au contraire vous traînera lui-même au bain et vous fera servir quelque nouveau mets, vous conseillant de ne pas vous exténuer en faisant diète. Vous voit-il hésiter par mollesse à entreprendre une traversée ou à suivre une affaire, il vous dira que rien ne presse, qu'il est préférable d'ajourner l'entreprise ou d'en charger un autre. Avez-vous promis de prêter ou de donner de l'argent à un de vos amis, et fâché d'en avoir pris l'engagement, êtes-vous retenu par la honte de manquer à votre parole ? Le flatteur fera pencher la balance du mauvais côté, pèsera vos résolutions dans le sens de votre bourse, bannira la pudeur qui vous arrête en vous représentant que les grandes dépenses que vous faites, et le besoin de fournir à tout le monde, vous engagent à être économe. En conséquence, si nous sommes évidemment conscients de nos convoitises, de nos indélicatesses et de nos lâchetés, il nous est impossible de ne pas démasquer un flatteur : il se veut l'apologiste infatigable de nos passions et le plaidoyer qu'il en fait justifie sa franchise. Mais en voilà assez sur cette question.

### *Les services rendus : le flatteur se reconnaît à son obséquieuse dévotion.*

21. Passons maintenant aux prévenances et aux bons offices. Là encore, le flatteur s'emploie à bien

troubler et dissimuler la différence qui le sépare de l'ami, en déployant à cet effet un empressement infatigable. La conduite de l'ami est, selon Euripide, simple comme une parole de vérité, sans détour et sans déguisement ; mais, ontologiquement parlant, celle du flatteur

« Sait remédier par l'art à sa faiblesse propre[76] »,

ainsi que par des remèdes nombreux et, juste ciel, exceptionnels. Ainsi, un ami qui vous rencontre dans la rue passe quelquefois sans dire un mot, ou sans que vous lui adressiez la parole ; il se contente de donner et de recevoir, par un regard et un sourire agréable, le témoignage d'une bienveillance réciproque. Le flatteur, lui, accourt avec empressement et vous tend la main de loin ; si vous l'apercevez et le saluez en premier, il allègue, pour s'excuser de ne pas vous avoir aperçu, les témoins et les serments. Il en est de même dans les affaires : les amis y négligent souvent les questions accessoires, parce qu'ils ne veulent pas mettre dans leur conduite une exactitude puérile et indiscrète, ni s'offrir à prodiguer toutes sortes de services à rendre. Notre homme, au contraire, fait acte de présence, assidu, pressant, infatigable, et ne cède à personne le lieu ni l'occasion de vous prêter assistance. Il veut être un *factotum* et si on ne lui donne pas d'ordre, il est piqué au vif. Mieux, son découragement et ses protestations passent toute limite.

### *Des engagements superflus.*

22. A tous ces traits ostensibles, les esprits sensés

peuvent reconnaître, non une amitié véritable et sincère, mais l'empressement affecté d'une catin ou d'un mercenaire de l'accolade hypocrite. Cependant, c'est d'emblée à travers les offres de services que la différence se fait jour. On l'a déjà fort bien noté un peu plus haut. Voici la manière dont un ami fait une promesse :

« Si je le puis, d'abord, si c'est possible, ensuite[77]. »

Le flatteur, lui, vous dira :

« Tout ce qui vous plaira : vous n'avez qu'à parler[78]. »

C'est justement ce type de personnage que mettent en scène les poètes comiques :

« Nicomaque, ordonnez que cette sotte bravache
Vienne céans tâter du jonc de ma cravache.
Je fais vœu qu'à l'instant (et de tout cœur j'y songe)
Je le rendrai plus souple et plus doux qu'une
éponge[79]. »

### *Acquiescement servile.*

Ce n'est pas tout : un ami ne s'associera à aucune entreprise, à moins que, consulté d'avance, il n'ait examiné l'affaire et contribué à l'orienter dans le sens du devoir et de l'utilité. Mais le flatteur, lors même qu'on lui permet d'examiner l'affaire et de la discuter, ne songe qu'à se montrer accommodant et à nous complaire, et, dans la crainte d'être suspecté d'hésitation ou de dérobade, il est aussi disposé, aussi ardent que vous, à voir l'accomplissement de vos désirs. Car il est bien peu de rois ou de riches qui disent :

« Si je pouvais trouver un ami, un mendiant,
Le pire des mendiants, qui, plein de dévouement,
Outrepassât les bornes d'une indicible peur
Et me parlât sans crainte du tréfonds de son cœur[80] ! »

Non comme les tragédiens, ils veulent tous avoir un chœur d'amis qui chantent avec eux et un auditoire qui les applaudisse. Ainsi la Mérope de la tragédie donne-t-elle ce sage conseil :

« Choisis-toi pour amis ces hommes pleins d'honneur
Qui ne cherchent jamais à caresser tes vices ;
Mais bannis de ta cour tout lâche et vil flatteur
Qui, voulant te complaire, encense tes caprices[81]. »

Mais c'est le contraire qu'on fait d'ordinaire : on se débarrasse de ceux qui ne font aucune concession dans leurs discours et vous contredisent pour défendre vos intérêts, tandis que ces vils imposteurs qui ne savent plaire que par de rampantes flatteries, on leur ouvre la porte et on les reçoit non seulement sous son toit, mais encore on les initie à ses passions et à ses affaires les plus secrètes. Parmi ces confidents, celui qui est encore novice estime qu'il n'a pas le droit et qu'il est tout à fait indigne de donner son avis sur des matières si importantes ; tout au plus est-il bon à faire figure d'aide ou de serviteur. Mais le plus rusé s'en tient à partager votre irrésolution, à sourciller, à hocher la tête, en gardant le silence. Mais que celui qui le consulte fasse connaître son avis : « Par Héraklès, s'écrie-t-il, tu m'as devancé d'une longueur ; j'allais dire la même chose. » Les mathématiciens affirment que les lignes, du fait de leur abstraction et de leur immatérialité, ne peuvent se courber, s'étendre ni se mouvoir de leur propre chef, et se plient au tracé, au prolongement et au mouvement des corps dont elles marquent les arêtes. Il en est de même du flatteur : tu le surprendras toujours à suivre le fil de ton discours, de tes sentiments, de tes perceptions, et même, en vérité, de tes colères. Aussi, sur tous ces points, est-il bien difficile à discerner d'un ami, et plus encore dans la manière dont il rend service.

### *De la manière d'obliger.*

Le dévouement d'un ami, comme un être vivant, recèle des qualités intrinsèques, mais il fuit surtout l'ostentation et l'éclat ; et à l'instar du médecin qui souvent guérit certains malades à leur insu, l'ami nous rend service par une intervention ou une transaction prudemment ménagée et qu'il laisse ignorer au bénéficiaire. Tel était le caractère d'Arcésilas. Entre plusieurs autres traits, je citerai celui-ci : ayant un jour trouvé Apelle de Chio au plus mal et dans une totale indigence, il vint promptement le revoir avec vingt drachmes, et s'asseyant à son chevet, il lui dit : « Je ne vois ici que les éléments d'Empédocle :

> Le feu, la terre, l'eau, l'éther pur et léger[82],

et que tu n'es pas trop bien couché. » En même temps, il remua l'oreiller et y glissa la bourse à la dérobée. Et lorsque la vieille qui le servait la trouva et, en s'émerveillant, avertit Apelle : « C'est un tour d'Arcésilas », dit-il en souriant. Et il faut croire qu'« ils sont à la ressemblance de leurs parents [83] », les enfants qui vous viennent en philosophie. Cela se vérifia en la personne de Lacydès, un disciple d'Arcésilas. Il assistait un jour avec d'autres amis à l'instruction du procès de Céphisocratès ; l'accusateur demandait qu'il produisît son anneau ; l'inculpé le laissa tomber à terre sans bruit et Lacydès qui l'avait remarqué mit le pied sur ce qui constituait l'unique pièce à conviction et le dissimula. Céphisocratès absous alla remercier ses juges ; mais l'un d'eux, qui avait vu le manège, le pria d'aller remercier son ami et lui conta ce trait de générosité que Lacydès avait tenu secret. C'est ainsi, je crois, que les dieux, dont la nature est de ne chercher dans les bienfaits que le plaisir d'obliger, font du bien aux hommes à leur insu, aiment à leur être agréables et à leur complaire en vue de l'acte lui-même.

Dans sa conduite, le flatteur n'a rien de juste, de vrai, de simple, de libéral ; toujours en sueur, il crie, s'agite, contrefait sa mine et multiplie les signes de pure apparence, qui veulent faire croire à un dévouement utile, laborieux et empressé. Il ressemble à une de ces peintures trop recherchées qui veulent donner l'illusion de la vie par des teintes criardes, des ruptures de plis, des rides et des traits anguleux et il vous assomme à vous conter par le menu ses démarches, à détailler ses courses, ses soucis, les haines qu'il s'est attirées, les embarras et les traverses sans nombre qu'il a essuyés, si bien qu'on est tenté de lui dire : « Le jeu n'en valait pas la chandelle ! » Car un bienfait reproché suscite l'agacement ; il perd tout son prix et devient pesant et intolérable. Or, ceux du flatteur, à l'instant même qu'ils sont rendus, ont l'air de nous être reprochés et nous font rougir. Au contraire, un ami, contraint de dire ce qu'il a fait, parle sans détours et expose la chose simplement sans parler de soi-même. Les Lacédémoniens expédièrent aux Smyrniotes le ravitaillement en blé qu'ils leur avaient réclamé ; comme ces derniers témoignèrent leur surprise de cette générosité, leurs bienfaiteurs leur firent cette réponse : « Nous n'avons rien fait d'extraordinaire ; car, pour rassembler ce froment, nous avons simplement ordonné par un décret que les hommes et les bêtes se passeraient de nourriture un jour durant. » Cette façon généreuse de rendre service est d'autant plus agréable à ceux qu'on oblige, qu'elle leur laisse croire qu'il en a peu coûté pour le faire.

### *Les services rendus par le flatteur se passent de la morale.*

23. Au reste, ce n'est pas seulement à l'ostentation odieuse de ses services ou à la prodigalité de ses offres qu'on peut reconnaître le flatteur, mais c'est plutôt à l'usage, bon ou mauvais, qui en est fait, et à sa finalité, qu'elle soit subordonnée à l'utilité ou au plaisir. Car l'ami ne devra point suivre l'avis de Gorgias selon lequel il est estimable de n'exiger de son ami que des services honnêtes et de lui prêter son concours, même dans des services malhonnêtes ; car il veut bien

« Soutenir nos vertus, sans seconder nos vices[84]. »

On détournera donc plutôt son ami de tout ce qui est indécent. Et si l'on ne peut le persuader, on lui opposera cette admirable formule de Phocion à Antipater : « Tu ne saurais avoir en moi un ami et un flatteur », c'est-à-dire un ami et un ennemi. On doit en effet aider son ami dans ses entreprises, mais non pas dans ses crimes ; on doit être son conseiller et non son conjuré, son garant, non son compère, un compagnon d'infortune, oui par Zeus, mais pas le complice de ses fautes. Puisqu'il ne sied guère de partager avec ses amis la confidence de leurs crimes, comment peut-on choisir de les aider à en commettre et à devenir à plus forte raison leur camarade d'infamie ? Ainsi, les Lacédémoniens, vaincus par Antipatros et négociant la cessation des hostilités, offraient d'accepter les mesures de représailles les plus sévères pourvu qu'elles n'eussent rien de contraire à l'honneur. Tel est le véritable ami. Faut-il, pour vous obliger, faire de la dépense, braver la peine et le danger ? Il est tout zèle et n'allègue jamais aucun prétexte pour refuser. Ce qu'on exige de lui est-il malhonnête ? Il abandonne la partie et se dispense d'y prendre part.

A l'opposé, la flatterie, elle, s'il s'agit de services pénibles et périlleux à rendre, regimbe et si, pour la mettre à l'épreuve, tu la fais résonner, elle rend, en se retranchant derrière un prétexte, un son fêlé et de mauvais augure. Mais s'agit-il de services immoraux, bas, déshonorants ? Tu peux tout user avec elle sans craindre d'en abuser. Foule-la au pied : ce traitement ne lui paraîtra ni dur ni offensant. Tu vois le singe ? Il ne sait ni garder la maison comme le chien, ni labourer la terre comme le bœuf ; mais il supporte les plaisanteries, les insultes, et souffre de faire office de jouet qu'on ridiculise et tourne en dérision. Le flatteur lui ressemble : impéritie à mettre au service des autres son éloquence, sa bourse ou sa personne, inhabileté à tout travail et à toute application sérieuse, remarquables dispositions pour l'intrigue, fidélité d'entremetteur en cas de secrète passion, exactitude dans le rachat d'une fille de passe, ponctualité à régler la note d'un banquet, diligence pour ordonner un repas, prévenances exquises envers les « irrégulières », inflexibilité sans vergogne s'il reçoit l'ordre d'expulser votre légitime ou de traiter rudement vos beaux-parents. Au total, là non plus, il n'est pas malaisé de prendre notre homme sur le fait : quoi qu'on veuille lui ordonner d'infâme et de honteux, il est prêt à se dépenser pour complaire à celui qui ordonne.

***Le flatteur cherche à écarter les véritables amis.***

24. Un examen des dispositions du flatteur à l'égard de nos relations proches sera un moyen infaillible de reconnaître ce qui le sépare de l'ami. Aux yeux de ce dernier, en effet, rien n'est plus doux que de partager à plusieurs les sentiments d'une bienveillance réciproque ; du reste, ne travaille-t-il pas sans cesse à nous rendre chers et estimables à tous ceux qui nous connaissent ? Persuadé qu'entre amis tout est commun, c'est surtout l'amitié même qu'il veut leur rendre commune. Mais le faux ami, lui, ami bâtard et perfide, qui ne peut se dissimuler le tort qu'il fait à l'amitié qu'en l'altérant comme on ferait de la fausse monnaie, exerce contre ses pareils la jalousie qui lui est naturelle, et cherche à les surpasser en traits de bouffonnerie et de babil. Pour peu qu'un quidam vaille mieux que lui, au contraire, il le craint, il s'en effraye, non, par Zeus, « parce qu'il se

portera à pied contre le char lydien[85] », mais parce qu'à l'or pur « il ne peut, selon le mot de Simonide, opposer le modeste plomb ». Aussi, sentant bien qu'en comparaison d'un ami véritable, solide et d'une bonne trempe, on reconnaîtra combien il est frivole, faux et trompeur, il se laisse confondre et agit comme ce peintre qui, ayant fait un fort méchant dessin de coqs, avait commis son esclave à écarter très loin du tableau les coqs véritables ; notre homme éloigne les vrais amis et les empêche d'approcher. S'il ne peut y réussir, il feint de les flatter, de les entourer, de s'extasier sur leur supériorité, tandis qu'en sous-main il sème contre eux des calomnies qu'il aiguise par ses discours. Et quand ces messes basses ont commencé à envenimer la plaie, même si l'effet ne répond pas assez tôt à son attente, le flatteur garde fidèlement en mémoire le conseil de Médios. Cet homme appartenait au chœur des flatteurs d'Alexandre ; il y faisait figure de chef d'orchestre, de supercoryphée, qui avait conspiré contre les plus honnêtes gens de la cour. Il ordonnait donc à ses suppôts de les attaquer hardiment et de les déchirer, à grand renfort de médisances, affirmant hautement que lorsque la plaie serait guérie, la cicatrice en resterait toujours. Ce fut ainsi que le cœur d'Alexandre, miné par ces stigmates, ou plus exactement cette gangrène et ces chancres, fit périr Callisthène, Parménion et Philotas, et se livra sans retenue aux leurres des Agnon, des Bagoas, des Agésias, des Démétrios, qui l'adorèrent à genoux, le parèrent et le façonnèrent à l'imitation d'une idole barbare. Telle est la puissance des complaisances verbales, une puissance d'autant plus grande qu'elle s'adresse, de toute évidence, à des hommes qui croient être les plus grands ! Car nourrir sur son compte les plus hautes idées et en éprouver en même temps le désir, c'est fournir au flatteur à la fois des raisons d'être cru et de l'audace. Sur le terrain, en effet, les lieux élevés sont d'un abord et d'un accès difficiles aux entreprises hostiles ; en revanche, l'élévation et la fierté que le succès ou une heureuse nature donnent à l'âme sont, si le bon sens lui manque, une merveilleuse voie d'accès à la petitesse et à la bassesse.

### *Les dangers de la philautie.*

25. Ainsi recommandions-nous à l'orée de cet entretien de déraciner de notre cœur l'amour-propre et la suffisance. Eh bien, nous le recommandons encore maintenant. Car c'est notre bonne opinion de nous-même qui, nous flattant la première, nous rend plus vulnérables à la flatterie extérieure et nous y prépare. Mais si, dociles aux injonctions du dieu et regardant le « connais-toi toi-même » comme la connaissance la plus essentielle à acquérir, nous examinons les mille défaillances de notre nature, si nous réfléchissons sur notre éducation et notre instruction, eu égard au critère du bien, et si nous observons l'imperfection et la confusion du mélange qu'elles forment, tant dans notre conduite que dans nos pensées et sentiments, alors nous nous défendrons des pièges des flatteurs. Alexandre, pour revenir à lui, disait que son penchant pour le sommeil et pour l'amour, états qui tantôt rabaissaient sa noblesse et tantôt l'exposaient à la passion, lui faisait bien sentir qu'il n'était pas dieu, quoiqu'on lui en donnât le nom. Pour nous, en considérant sans cesse nos sempiternelles turpitudes, misères, échecs et fautes, nous nous prendrons pour ainsi dire en flagrant délit, et

ce, non point dans le cas où un bon ami nous couvrirait d'éloges et de fleurs, mais nous mettrait en question, parlerait à cœur ouvert et nous critiquerait quand, par Zeus, nous aurions mal agi.

### *Du franc-parler des amis véritables.*

Mais en général il est peu d'hommes qui aient le courage d'être francs avec leurs amis et qui ne cherchent pas plutôt à leur plaire. Et parmi ces élus, il en est moins encore qui sachent employer à propos la franchise, et ne la fassent pas consister dans les critiques et les semonces.

### *Du tact.*

Il en est de la franchise, qui tombe à plat, comme de certains remèdes : elle afflige, elle tourmente inutilement et opère avec douleur ce que la flatterie sait nous rendre délectable. Une louange déplacée vaut bien un blâme proféré à contretemps : ils nuisent tous deux. Voilà le motif essentiel qui nous fait prêter flanc aux flatteurs et devenir un temps leur proie : nous allons nous-mêmes au-devant d'eux, comme l'eau qui ruisselle des escarpements les plus rudes et des sols les moins meubles vers le creux d'un bourbier ! Il faut donc que la matière même de la parole spontanée soit tempérée par la manière qui préside à l'action et qu'elle se règle sur les instances de la raison. Celle-ci d'ailleurs bannit l'intensité trop vive dont l'éclatante franchise a le secret. Sans cela, rebutés et blessés par des censeurs et des accusateurs impénitents, nous irions nous abriter à l'ombre des flatteurs et chercher refuge dans un lieu où la critique est la chose du monde la moins partagée. Car c'est par les vertus, mon cher Philopappos, qu'il faut fuir les vices, et non par les vices contraires, comme font ces gens qui croient échapper à la timidité par l'impudence, à la rusticité par la bouffonnerie, et s'éloigner d'autant plus de la mollesse et de la lâcheté qu'ils s'approchent davantage de l'effronterie et de l'arrogance. Certains, pour n'être point superstitieux, tombent dans l'impiété ; de peur d'être stupides, ils deviennent fourbes ; et faute de savoir redresser leur caractère, ils le recourbent dans un sens opposé, comme on ferait d'une pièce de bois flexible. C'est une façon très inconvenante de désavouer la flatterie que de blesser inutilement et il n'appartient qu'à un homme grossier, étranger à la bienveillance, de n'échapper à la bassesse et la servilité de toute relation amicale, que sous les dehors d'une humeur bourrue et déplaisante. On dirait cet affranchi de comédie qui se figure que dire des injures, c'est jouir du droit de parler avec franchise.

### *Y a-t-il une franchise efficace ?*

S'il est honteux de devenir flatteur en cherchant à plaire, il ne l'est pas moins, pour fuir la flatterie, de se livrer à une franchise immodérée, qui bat en brèche l'amitié et la sollicitude. Évitons ces deux excès, et que la franchise, comme toute autre qualité, trouve son idéal dans le juste milieu. Tel est l'exposé qui, réclamant lui-même sa suite logique, impose visiblement son couronnement à mon entretien.

### *Où la franchise bannit l'intérêt.*

26. Puisque nous constatons qu'une pléthore de fâcheuses fatalités marchent sur les pas de la franchise, commençons par en éliminer l'amour-propre, en veillant très soigneusement à ne pas paraître répondre en quelque manière par des reproches à des atteintes ou à des blessures qui nous atteignent au plus profond. Car lorsqu'on parle pour soi-même, on semble agir, non par bienveillance, mais par colère, et adresser plutôt un reproche que prodiguer une leçon morale. La franchise relève de l'amitié et de la noblesse, mais les reproches viennent de l'amour-propre et de l'étroitesse d'esprit. Aussi conçoit-on des sentiments de respect et d'admiration pour les hommes qui parlent avec franchise, tandis que les contempteurs excitent le mépris et l'indignation. Par exemple, Agamemnon, qui s'irritait du franc-parler d'Achille, quoiqu'il parût assez modéré, souffrit qu'Ulysse l'attaquât durement et lui dît :

« Auteur de tous nos maux, que ne commandes-tu
A d'autres combattants sans force et sans vertu[86] ! »

Il fit preuve d'indulgence et de patience, retenu qu'il était par ces paroles salutaires et sensées. Car il savait qu'Ulysse n'avait point de motif personnel pour se mettre en colère, et ne parlait que pour le bien de la Grèce, tandis que l'autre semblait puiser en lui-même les motifs de son animosité. Du reste, Achille en personne, qui n'était « ni doux ni traitable[87] », mais « homme dur, et prêt à frapper même des innocents[88] », permit sans mot dire à Patrocle de lui asséner mille accusations de ce genre :

« Pélée le bon aurige et ta mère Thétis
Impitoyable cœur, n'eurent jamais aucun fils.
Une mer azurée de ta vie fut l'amorce
Ou le chaos des roches, car ton âme est féroce [89]. »

L'orateur Hypéride, voyant que ses discours avaient blessé les Athéniens, leur disait d'examiner, non si ses paroles avaient quelque chose de piquant, mais si elles étaient désintéressées. De même, les remontrances d'un ami, lorsqu'elles sont dégagées de toute passion personnelle, doivent être considérées comme respectables, nobles, incontestables. Et si, mettant à l'écart les fautes qui ne regardent que soi, on relevait avec une entière liberté celles qui intéressent les autres, il serait impossible de résister à une franchise dont la douceur donnerait encore plus de poids et de mordant à la remontrance. Aussi dit-on à juste titre que, dans les mouvements d'humeur et les différends qui nous opposent à nos amis, il faut chercher davantage ce qui peut leur être utile et convenable.

Il n'est pas moins digne d'une amitié généreuse, quand on se croit soi-même méprisé et oublié, de parler franchement et d'intervenir en faveur d'autres amis qui sont négligés. C'est ce que fit Platon lorsqu'il sentit la suspicion et le mécontentement de Denys. Il lui demanda une audience et l'obtint. Le prince ne doutait pas que le philosophe ne vînt se plaindre et l'incriminer, mais Platon lui parla à peu près en ces termes : « Si tu apprenais, Denys, que l'un de tes ennemis avait débarqué en Sicile avec de mauvais desseins que le défaut seul d'occasion empêchât d'exécuter, lui permettrais-tu de rembarquer et le laisserais-tu sortir impunément de tes États ? – Non, sans doute, Platon, répondit Denys, car il faut haïr et châtier la mauvaise volonté de ses ennemis aussi bien que leurs crimes. – Mais, reprit Platon, si un homme bien intentionné était venu pour te rendre un service important et que toi seul lui en fisses manquer l'occasion, croirais-tu être dispensé envers lui de la reconnaissance et pouvoir le traiter avec mépris ? – Quel est donc l'homme dont tu parles ? demanda Denys. – C'est Eschine, poursuivit-il, l'un des plus vertueux disciples de Socrate, le plus doux dans ses mœurs, le plus capable de former au bien ceux qui le fréquentent. Il a traversé les mers pour pouvoir tisser avec toi des relations philosophiques et il se voit négligé. » Ce discours fit sur Denys une telle impression que, admirant la grandeur d'âme et la noblesse de Platon, il le prit dans ses bras et traita par la suite Eschine avec des égards et des marques de libéralité.

### *La dérision doit être exclue de la franchise.*

27. En second lieu, il nous faut, en quelque sorte, balayer toute trace d'insolence, de ridicule, de bouffonnerie ou de dérision : ce ne sont que mauvais assaisonnements à retrancher de tout franc-parler. Un chirurgien, procédant à une incision, a besoin d'y mettre beaucoup de délicatesse et de rigoureuse dextérité, et sa main doit s'interdire toute nonchalance, tout geste trop minutieux qui la ferait tressauter, frapper à côté, s'égarer. De même, la franchise peut bien admettre de l'habileté et de l'élégance, pourvu que la bienveillance y préserve la dignité ; mais la fierté, l'aigreur et la brutalité, si elles viennent à paraître, les détruisent et signent leur disparition. Pour cette raison, sans réplique et spirituelle fut la

réflexion de ce joueur de lyre qui ferma la bouche à Philippe (il avait entrepris de disputer avec lui sur l'attaque des cordes) : « Sire, dit-il, le ciel vous préserve d'être assez malheureux pour savoir cela mieux que moi ! » Mais Epicharme ne répondit pas aussi sagement à Hiéron, qui l'invitait à souper peu de jours après qu'il eut fait mourir plusieurs de ses amis. « Tu ne m'as pas invité dernièrement que tu as sacrifié tes amis. » Fâcheuse fut également la réponse d'Antiphon qui, tandis qu'on discutait chez Denys pour savoir quel était le meilleur bronze, répondit : « Celui dont les Athéniens se servirent pour fondre les statues d'Armodios et d'Aristogiton. » Ce que ces reproches ont d'amer et de caustique ne corrige pas, et ce qu'ils ont de grotesque et de futile est loin d'amuser. Or, ce genre d'attitude relève d'un défaut de maîtrise, mêlé de violence et de méchanceté, qui ne va pas sans haine. En y souscrivant, on provoque sa propre perte, pour avoir, comme on dit, « dansé trop près du puits ». De fait, Denys fit mourir Antiphon. Timagène perdit les bonnes grâces de César, non qu'il lui eût jamais parlé avec une liberté généreuse, mais parce que dans les banquets et les entretiens, sans avoir la moindre intention sérieuse, mais seulement à dessein « de divertir les Argiens », il se permettait à tout propos des plaisanteries offensantes, qu'il croyait autorisées par l'amitié. Les Comiques, bien sûr, ont aussi composé pour la scène de très nombreuses et sévères charges satiriques qui visaient la politique, mais ce mélange de dérision et de bouffonnerie dont elles étaient le théâtre ôtaient à la franchise, comme on mélange à plusieurs mets une sauce piquante, son efficience et son profit. Elles conféraient aux poètes une réputation de méchanceté et d'impudence, tandis que le public ne retirait aucun profit de ces tirades. En d'autres matières, on doit toujours, naturellement, donner à ses amis à plaisanter et à rire, mais que la franchise, elle, garde son sérieux et sa tenue, et quand l'enjeu est de taille, il faut que le ton, le geste et la dignité du discours entraînent la confiance et la persuasion.

L'à-propos manqué fait toujours avorter les plus grandes choses, mais il rend surtout la franchise inutile ; il faut donc le bannir dans le vin et l'ivresse, car c'est évidemment couvrir de nuages la sérénité d'un beau ciel que de mêler au jeu et à la belle humeur qui y règnent des propos qui font froncer les sourcils et répandre la tristesse sur les visages. C'est se déclarer l'ennemi du dieu libérateur qui, selon Pindare, « délie la chaîne des attentes pénibles[90] ». D'ailleurs ce contretemps comporte un inconvénient grave : le vin porte à la colère et il arrive fréquemment que l'ivresse, au contact de la franchise, engendre la haine. Bref, il y a plus de lâcheté que de noblesse et de courage à se taire lorsqu'on est à jeun et à n'oser parler avec hardiesse qu'au milieu d'un repas, comme les chiens poltrons qui n'aboient jamais tant qu'autour de la table. Mais il est inutile d'insister sur ce point.

### *La franchise doit concerner les hommes favorisés du sort.*

28. Bien des gens prétendent qu'il ne convient guère de chapitrer les amis dans la prospérité ; ils n'osent pas le faire mais ils estiment que la réussite est absolument inaccessible aux remontrances et qu'elle se situe hors de leurs atteintes ; en revanche,

leurs amis ont-ils éprouvé quelques revers qui les abattent et les humilient ? Ils les attaquent. Sont-ils tombés à terre et à portée de coups ? Ils les piétinent et lâchent sur eux, comme un torrent retenu prisonnier dans son cours, la cascade vertigineuse de leur franc-parler, heureux qu'ils sont de mettre à profit ce revers de fortune pour se venger des dédains de naguère et de leur faiblesse d'alors. Aussi n'est-il pas malséant de s'étendre un peu sur la question et de répondre à la formule euripidéenne :

« Qu'a-t-on besoin d'amis quand on a la fortune[91] ? »

En fait, c'est surtout aux gens heureux qu'il faut des amis qui parlent avec franchise et leur rabattent leur orgueilleux caquet : car il est peu d'hommes qui se maintiennent sages dans la prospérité. La plupart ont besoin d'une morale d'emprunt et de raisonnements qui en apparence répriment l'enflure et l'agitation causées par les grands succès. Mais quand la fortune renverse leur orgueil avec leur prospérité, ce revers seul est une remontrance assez forte pour les porter au repentir. Ils n'ont plus besoin alors de la franchise de l'ami ni de reproches sévères et mordants. Mais en vérité, dans ces sortes de malheur,

« Il est doux de trouver un regard bienveillant[92] »,

celui d'un homme dont la présence nous console et réconforte. Ainsi, au milieu des combats et des périls, d'après Xénophon, le visage doux et humain de Cléarque apportait un regain de courage devant le danger. Mais prononcer des paroles mordantes et néanmoins pleines de franchise à l'adresse d'un homme malheureux équivaut à soumettre un œil malade et infecté à une lumière trop vive. Loin de guérir ou de calmer son mal, on aigrit, on éreinte un cœur déjà meurtri. Aussi, un homme qui se porte bien, par exemple, écoute tranquillement un ami qui lui reproche, n'est nullement irrité, ni agacé par les semonces d'un ami qui lui représente ses liaisons et ses beuveries, sa paresse à faire du sport, la fréquence de ses bains, ses bombances intempestives. Mais est-il malade ? Vous vous rendez insupportable, vous aggravez votre mal en lui disant qu'il doit son état à l'intempérance, à la mollesse, à la bonne chère et au commerce des femmes : « Que tu es importun, mon pauvre ! s'écriera-t-il. Je fais mon testament ; les médecins me préparent du castoreum ou de la scamonnée, et toi tu me donnes la leçon et me fais la morale. » C'est qu'il ne faut aux malheurs ni franchise ni sentences morales, mais des paroles de douceur et de consolation. En effet, quand les petits sont tombés, les nourrices n'accourent point pour les gronder, mais pour les relever, les rajuster, les calmer ; et ce n'est qu'à ce moment qu'elles songent aux punitions et aux réprimandes. On dit que Démétrios de Phalère, banni de sa patrie, et menant dans les parages de Thèbes une vie d'abandon et de misère, vit un jour avec peine venir à lui Cratès, dont il appréhendait la liberté cynique et le discours revêche. Or celui-ci l'aborda avec douceur, lui dit que l'exil n'était pas une condition fâcheuse dont il dût s'affliger puisqu'il le délivrait de l'incertitude et de l'inconstance des choses ; du même coup, il l'exhorta à chercher en lui-même sa force et sa consolation. Démétrios, enchanté de ses discours, et reprenant courage, dit à ses amis : « Ah ! Que j'en veux aujourd'hui aux soins et aux affaires qui m'empêchaient d'estimer un tel homme ! » :

« Un ami débonnaire conforte l'affligé
Mais il sait contredire un esprit insensé[93]. »

C'est ainsi qu'agissent les amis généreux. Les âmes viles et basses, les adulateurs de la prospérité ressemblent, comme le dit Démosthène, « aux fractures et aux foulures dont la douleùr se réveille au moindre accident[94] ». Ils vous insultent dans les revers et semblent en jouir plaisamment. Car si l'on a besoin d'une observation dans les occasions où l'on a, par sa propre faute, essuyé un échec pour avoir été mal conseillé, il suffit d'un :

« J'étais, tu le savais, d'un avis tout contraire.
Pour te dissuader j'ai fait tout mon possible[95] ! »

### *L'occasion est mère de la franchise.*

29. Dans quelles circonstances faut-il donc qu'un ami se montre pressant et quand doit-il emprunter les accents de la franchise ? C'est lorsque, subissant les assauts de la volupté, de la colère ou de la violence, on a l'occasion de rogner les ailes de la cupidité ou de s'opposer à une folle inconscience. C'est ainsi que Solon, voyant Crésus s'enorgueillir d'un bonheur éphémère, l'avertit de penser à sa fin incertaine. De même Socrate, ce censeur d'Alcibiade, sut le retenir en le touchant jusqu'aux larmes et lui percer le cœur. Telles furent les remontrances de Cyrus à Cyaxare ou de Platon à Denys. A l'époque faste où ce dernier attirait, par la beauté et la grandeur de ses exploits, l'admiration de l'univers, ce philosophe l'avertissait de se garder avec crainte « d'une confiance présomptueuse qui voisine avec la solitude ». C'est à lui aussi

que Speusippe écrivit qu'il ne devait point tirer vanité de ce que les femmes et les enfants publiaient ses louanges, mais avoir soin de donner à la Sicile la parure de la piété, de la justice et d'une excellente législation pour faire honneur à l'Académie. Euctos et Eulaios, eux, compagnons de Persée, ne le quittaient point au temps de sa prospérité et ne cessaient de le complaire en toute chose et d'abonder dans son sens. Mais quand il eut été vaincu et mis en déroute par les Romains à la bataille de Pydna, ils l'accablèrent des reproches les plus amers, et lui rappelèrent par le menu ses fautes et ses négligences dans les termes les plus offensants, au point que ce malheureux prince, outré de douleur et de colère, les tua l'un et l'autre de son poignard.

30. Voici donc en général les occasions où l'on doit parler librement ; mais il ne faut pas négliger celles qui nous sont parfois offertes par nos amis. Souvent, une question, un récit, la censure ou l'éloge, décernés aux mêmes actes à propos de personnes différentes, nous donnent une ouverture naturelle pour parler avec franchise. Démarate, par exemple, passa, dit-on, de Corinthe en Macédoine à l'époque où Philippe était en querelle avec sa femme et son fils. Comme, après un accueil chaleureux, ce prince lui avait demandé si les Grecs vivaient entre eux en bonne intelligence, Démarate, qui était pour lui un ami dévoué, lui répondit : « La belle affaire, Philippe, de t'enquérir de la concorde chez les Athéniens et les Péloponnésiens, et de voir d'un œil indifférent ton propre palais où règnent les dissensions et les conflits. » Bonne attitude aussi, celle de Diogène qui, étant venu au camp de Philippe alors que ce dernier marchait contre les Grecs, fut amené devant le prince qui, ne le connaissant pas, lui

demanda s'il était un espion. « Un espion, Philippe, oui, répondit-il, venu pour observer ton imprudence et ta folie qui te font, sans aucune nécessité, jouer au dé en une heure de temps ta couronne et ta vie ».

31. Cette réponse était peut-être trop libre ; mais une autre occasion favorable pour reprendre son ami, c'est lorsqu'il est humilié et confondu par les reproches que d'autres lui ont faits au sujet de ses erreurs. C'est une circonstance dont peut tirer parti un homme de tact qui, tout en écartant bien loin les censeurs, prendrait lui-même à part son ami pour lui laisser entendre qu'à défaut d'autres raisons il lui faut faire retour sur lui-même, au moins pour prévenir l'arrogance de ses ennemis : « En quoi ont-ils matière à ouvrir la bouche, qu'ont-ils à te dire si tu désavoues, si tu rejettes ce qui te vaut ces critiques ? » Ainsi, en effet, si l'insulteur blesse, le sermonneur rend service. Certains poussent encore l'élégance à ramener leurs amis dans le droit chemin en critiquant des tiers, car c'est chez autrui qu'ils stigmatisent les comportements qu'ils savent être ceux de leurs amis. Notre maître Ammonios s'avisa un jour, pendant la conférence de l'après-midi, que certains disciples avaient fait un déjeuner trop copieux ; il ordonna alors à son affranchi d'infliger une correction à un petit esclave attaché à sa personne en précisant : « Il n'est pas de déjeuner sans vinaigre ! » En disant cela, il jeta sur nous une œillade afin que les coupables prissent pour eux la réprimande.

### *La franchise ne va pas sans discrétion.*

32. Évitons encore de reprendre nos amis en

public, et méditons ce trait de Platon. Voyant Socrate blâmer trop vivement un de ses disciples au cours d'un banquet, il lui dit : « Ne valait-il pas mieux lui faire ces reproches en particulier ? » Alors Socrate de rétorquer : « Et toi ? Ne pouvais-tu attendre, pour me le dire, que nous fussions seuls ? » On dit que Pythagore fit publiquement à un de ses jeunes épigones une réflexion si violente, que le garçon se pendit de désespoir. Depuis cet événement, le grand homme ne reprit jamais personne devant témoin. Le vice en effet est une maladie honteuse dont le traitement et la révélation doivent être secrets et privés ; loin d'y mettre de l'ostentation, il faut éviter les spectateurs et les témoins. Il est d'un sophiste et non d'un ami de se faire valoir par les fautes d'autrui, et de parader comme ces charlatans qui font leurs opérations sur la scène des théâtres pour s'attirer des pratiques. C'est sans brutalité (et il est légitime de n'y recourir dans aucune thérapeutique) qu'il faut considérer l'aspect opiniâtre et hargneux du vice. Car ce n'est pas simplement « l'amour qui sermonné devient plus pressant encore », comme dit Euripide[96], mais ce sont tous les vices et toutes les passions qui, après qu'on les a repris vertement en public, ne connaissent plus de retenue. Platon veut que les vieillards, pour inspirer du respect aux jeunes gens, en montrent les premiers devant eux. De même, la franchise des amis, pleine de scrupules, est celle qui inspire le plus de honte. La délicatesse et la douceur avec lesquelles on entreprend un coupable battent en brèche et détruisent son vice ; il est rempli de confusion devant la retenue dont on fait preuve. Aussi ce vers est-il excellent :

« Il rapproche sa tête afin que nul n'entende[97]. »

Rien, par exemple, n'est moins convenable que de découvrir les fautes du mari quand la femme écoute, du père sous les yeux de ses enfants, de l'éraste devant l'éromène, du maître devant le disciple. On est profondément peiné et indigné quand on est humilié devant les gens devant qui on prétend briller. Si Cleitos irrita Alexandre, ce ne fut pas tant, selon moi, à cause de son ivresse que par dépit de se voir repris publiquement. Aristomène, gouverneur du roi Ptolémée, ayant réveillé ce prince qui s'endormait en donnant audience à des ambassadeurs, les flatteurs en prirent l'occasion de le perdre ; et affectant la plus vive indignation, comme si l'honneur du prince y était intéressé, ils lui dirent : « Si tant de fatigues et de veilles t'ont fait dodeliner de la tête, c'est en particulier qu'il faut t'en avertir, au lieu de vouloir porter la main sur toi devant une si vaste assemblée. » Et le prince fit envoyer à son maître une coupe de poison avec ordre de la boire. Aristophane nous rapporte que Cléon lui faisait un crime de « médire de la Cité en présence d'étrangers [98] » et qu'il excitait ainsi les Athéniens à la haine. N'employons donc jamais la franchise devant des tiers si nous avons le désir non point de briller en public ou d'entraîner les foules, mais de faire du franc-parler un usage salutaire et curatif.

### *Nécessité de l'autorité morale.*

Quiconque parle avec franchise devrait pouvoir s'appliquer à soi-même cette belle parole que Thucydide met dans la bouche des Corinthiens lorsqu'ils disent d'eux-mêmes « qu'ils sont dignes de jeter le blâme sur autrui [99] ». Un député de Mégare, dans l'assemblée des confédérés, exprimait des vérités au nom de la Grèce. « Tes discours, lui dit Lysandre, auraient besoin d'une ville. » On peut dire de même, et rien n'est plus vrai pour quiconque se mêle de corriger les autres, que la franchise a besoin de mœurs pures. Platon disait que la vie de Speusippe était une leçon continuelle. Ainsi, lorsque Polémon entra dans l'école de Xénocrate, les regards seuls de ce philosophe le firent rentrer en lui-même et le ramenèrent à la vertu. Mais qu'un homme léger et sans valeur morale se mette à parler franc, on peut lui rétorquer :

« Tout couvert de pustules, tu veux soigner les autres[100]. »

### *On doit s'englober dans la critique que l'on adresse à autrui.*

33. Néanmoins, comme ce sont souvent des personnes contestables avec des interlocuteurs de même sorte que les circonstances amènent à donner des leçons, la manière la plus convenable de le faire serait de nous impliquer et de nous englober en quelque sorte dans la censure que nous en faisons quand nous usons de franchise. C'est dans cette perspective que l'on dit :

« Rejeton de Tydée, que nous arrive-t-il
Qui nous fasse oublier notre cœur si bouillant[101] ?

et :

« Contre le seul Hector nos mains sont impuissantes[102] ».

Citons aussi Socrate qui instruisait les jeunes gens de leurs torts en déployant des ménagement infinis. Il semblait être comme eux dans l'ignorance et s'appliquer à la pratique des vertus et à la recherche de la vérité. On donne volontiers sa confiance et son amitié à celui qui paraît avoir commis les mêmes fautes que nous, et vouloir les réparer. Mais celui qui, en corrigeant les autres, se donne pour un homme irréprochable et exempt de toute passion, à moins qu'il n'ait sur nous une grande supériorité d'âge ou une réputation de vertu bien établie, il devient odieux, insupportable, et rend ses remontrances inutiles. C'est donc bien adroitement que Phénix dans Homère, reprenant Achille de sa colère, raconte les malheurs où l'avait jeté cette passion, le dessein qu'elle lui avait inspiré de tuer son père, dessein qu'il avait bientôt abandonné par crainte

« De porter chez les Grecs le nom de parricide [103] ».

Il ne veut pas, en blâmant Achille, laisser croire qu'il fut lui-même incapable de se livrer à la colère et à l'emportement. Ces sortes de réprimandes pénètrent le cœur de façon persuasive, et nous cédons sans peine à ceux qui, loin de nous mépriser, paraissent condescendre à nos faiblesses.

### *Il est impossible de mêler un éloge discret à la critique.*

Un œil enflammé ne peut supporter le grand jour, ni une âme affectée d'une passion violente une réprimande sans concession faite avec trop de franchise. Le moyen le plus sûr de la faire recevoir est d'y mêler quelque louange discrète, comme dans ces vers :

« Quelle honte, ô guerriers, d'oublier la valeur !
Si d'autres s'éloignaient et cédaient à la peur,
Je me tairais ; mais vous, l'honneur de votre armée,
Vous craignez... Ah ! mon âme en est tout indignée [104]. »

et encore :

« Où sont donc, Pandarus, cet arc, ces traits ailés,
Ce grand renom qu'ici personne n'égala [105] ? »

Et il est bien clair que des exhortations comme celles-ci revigorent les esprits abattus :

« Est-ce là cet Œdipe et sa fameuse énigme [106] ? »

et

« C'est ainsi que s'exprime l'ombre du grand Hercule [107]. »

Par là, non seulement on adoucit ce que le reproche a de dur et d'impérieux, mais on remplit d'émulation un cœur que le souvenir de ses belles actions fait rougir de ses fautes et que l'on propose à lui-même comme le modèle du bien qu'il doit faire.

### *Ne point louer un tiers par le biais de la critique d'autrui.*

Quand au contraire nous mettons en parallèle

d'autres personnes, par exemple du même âge, de la même cité ou de la même famille, l'obstination naturelle du vice s'exaspère et se cabre ; souvent elle prend plaisir à répondre avec colère : « Pourquoi alors ne pas rejoindre ces gens qui valent mieux que moi ? Ne cesseras-tu pas de m'importuner ? » Évitons donc, en blâmant quelqu'un, de faire l'éloge d'un autre, à moins que ce ne soit celui d'un père, comme fait Agamemnon :

« Que le fils de Tydée est peu digne de lui[108] ! »

et Ulysse dans la tragédie des *Scyriens* :

« Du plus vaillant des Grecs, enfant dégénéré,
Tu as flétri l'éclat d'un nom si révéré,
Et pour de vils fuseaux tu en oublies les armes[109]. »

### *Éviter la polémique.*

34. Rien encore n'est moins décent que d'opposer reproche à reproche et franchise à franchise. C'est le moyen d'enflammer aussitôt la colère et de faire naître la haine. Des luttes de ce genre caractérisent en général non une franchise réciproque, mais une faiblesse qui s'offense de celle d'autrui. Il est donc mieux de recevoir avec tolérance les réprimandes d'un ami ; et si lui-même, dans la suite, pour être tombé dans quelque faute, a besoin de notre avis, la franchise dont il a usé envers nous autorise la nôtre à son égard. On est en droit de lui rappeler, sans le moindre ressentiment, qu'il a coutume lui-même de représenter librement à ses amis leurs fautes et qu'elles ont été l'objet de ses reproches et de ses

avertissements ; et ce souvenir le rendra plus traitable et plus patient pour une correction qu'il sent être dictée, non par un désir de représailles et de récrimination, mais par un sentiment de bienveillance et d'amitié.

### *On doit réserver la critique aux cas exceptionnels.*

35. Ajoutons ce trait de Thucydide : « Quand on réalise de grands desseins, on encourt l'hostilité d'autrui [110]. » De même, un ami peut courir le risque de déplaire par ses remontrances, quand l'objet en est important et tout à fait exceptionnel. Si au contraire, prenant moins le ton d'un ami que celui d'un pédant, il se rend difficile sur des bagatelles, ses avis dans les conjonctures capitales perdront leur force et leur effet, parce qu'il aura abusé de la franchise comme un médecin qui appliquerait à des maladies légères un médicament âpre et amer mais indispensable et onéreux qu'on n'administre que dans les cas les plus critiques. Il évitera donc avec soin cette propension au blâme. Si quelque autre, relevant les moindres vétilles, veut faire un crime de tout, ce sera pour lui un motif de reprendre les fautes plus considérables. Le médecin Philotimos dit un jour à un malade atteint d'un abcès au foie et qui lui présentait un doigt plein de pus : « Mon ami, ce n'est pas dans le panaris que réside ton problème. » Eh bien ! l'occasion peut s'offrir à un ami de dire à un homme qui soulève des griefs sans importance et sans poids : « Que parlons-nous là de plaisanteries, de boissons et de bagatelles ? Qu'il renvoie, mon cher, sa maîtresse et cesse de jouer

aux dés. Pour le reste, nous jugerons que c'est un homme admirable. » Pardonner aisément les petites fautes, c'est acquérir le droit de blâmer les plus grandes sans déplaire. Mais celui qui, vrai parangon d'aigreur et d'amertume, relève tout avec scrupule, et ne fait grâce de rien, se rend insupportable à ses enfants, à ses frères, et se fait détester même de ses esclaves.

### *Soyons bienveillants dans la critique.*

36. Tout n'est pas désagréable dans la vieillesse, dit Euripide[111]. De même, tous les maux ne se trouvent pas non plus rassemblés dans les imperfections de nos amis. Il faut donc observer, non seulement le mal, mais encore le bien qu'ils peuvent faire, et commencer par le louer de bon cœur. Quand le fer a été amolli et dilaté par le feu, on lui donne la trempe, qui le rend plus dense et plus tranchant. De même, quand on a comme échauffé son ami par la louange, on peut donner, pour ainsi dire, une bonne trempe à son âme, en employant avec douceur la franchise. C'est le moment de lui dire : « Tes dernières actions sont-elles dignes des premières ? Vois quel bien produit la vertu. Voilà ce que nous demandons, nous, tes amis, voilà qui t'est propre ; voilà ce pour quoi tu es né ; ceci, au contraire, il faut le rejeter

"Dans les monts et l'écume de la mer mugissante[112]". »

Car, comme un médecin compatissant peut vouloir chasser la maladie de son patient par le sommeil et la nourriture plutôt qu'avec du castoreum et de la scammonée, ainsi un ami véritable, un père tendre, un bon précepteur, quand il voudra nous corriger, préférera toujours la louange au reproche. Rien ne rend les réprimandes moins pénibles et plus salutaires que de n'y point mettre d'emportement et d'employer le ton de la douceur et de l'affection. Il ne faut ni convaincre durement ceux qui désavouent leur faute, ni refuser d'entendre leur justification, mais au contraire leur suggérer des moyens honnêtes de défense, fermer les yeux sur ce que leur cause a de désavantageux pour ne la voir que sous un jour favorable. C'est ce que fait Hector en disant à son frère :

« Il n'est guère séant, malheureux insensé,
De s'aller mettre au cœur une telle colère [113]. »

Il fait passer sa retraite du combat non pour une fuite mais pour un effet de son emportement. Nestor en use de même quand il dit à Agamemnon :

« Mais tu cèdes au transport d'une âme magnanime [114]. »

N'est-il pas plus honnête de dire : « Tu n'as pas réfléchi » ou « Tu ne savais pas » que de dire « Tu as commis une injustice, une action indigne », ou encore : « Ne te dispute pas avec ton frère » et « Fuis cette femme qui te perd » plutôt que « Cesse de corrompre cette femme » ?

### *L'efficacité de la franchise immédiate.*

Voilà comment la franchise doit réparer le mal déjà commis ; mais s'agit-il de le prévenir ? Elle s'y prend tout autrement. Faut-il par exemple détourner quelqu'un d'une faute qu'il va commettre, réprimer une passion effrénée, donner de la force et de l'énergie à une âme faible et molle qui vise une action d'éclat ? C'est alors qu'on doit lui présenter avec véhémence la honte des motifs qui la font agir : comme Ulysse dont Sophocle, pour piquer d'honneur Achille, lui dit que c'est moins la colère qui le tient dans l'inaction que « la vue effrayante des murailles de Troie [115] » ; et comme Achille, indigné, menace de se rembarquer, Ulysse ajoute :

« D'un départ aussi prompt je connais le motif :
Tu feins d'être offensé d'un reproche si vif,
Mais Hector est tout près, et tu n'oses l'attendre. »

Voilà comment, en présentant à l'homme énergique et courageux la honte de la lâcheté, à l'homme chaste et sage celle de l'incontinence, à un cœur généreux et magnifique celle de la mesquinerie et de l'avarice, on les éloigne du vice, on les porte à la vertu. Dans les maux où il n'y a plus de remède, il faut parler avec douceur, en sorte que les réprimandes semblent moins relever de la censure que de la compassion et de la douleur. Mais s'agit-il de prévenir les chutes et de combattre des passions qui prennent le dessus ? C'est le cas de cette franchise véritable, qui ne connaît point de ménagement. Reprocher les fautes commises, c'est ce que font d'ordinaire les ennemis. Aussi, Diogène disait que « si l'on veut trouver le salut, on doit avoir de bons amis et des ennemis ardents, parce que les premiers vous donnent des leçons et les seconds vous censurent ». Or il est préférable de se garder des fautes en écoutant les conseils plutôt que d'être amené, sous l'effet de la réprobation, au repentir d'en avoir commis. C'est une raison supplémentaire pour faire preuve d'ingéniosité même quand on parle vrai, car la franchise est en amitié le remède le plus roboratif et le plus efficace, qui requiert sans arrêt et au plus haut degré un esprit d'à-propos et un tempérament plein de douceur.

### *De l'apaisement.*

37. Puisque la franchise est souvent pénible à celui que l'on veut guérir, il faut imiter les médecins. Quand ils ont pratiqué une incision, ils n'abandonnent pas à sa douleur et à sa souffrance la partie malade : ils emploient avec douceur les irrigations et les lotions. De même ceux qui savent reprendre avec habileté n'iront pas s'enfuir après avoir lancé un reproche sévère et mordant. Mais pour des conversations d'un autre genre, par des paroles aimables, ils voudront adoucir et délayer l'amertume de leurs paroles. Ainsi font les artistes qui travaillent la pierre : quand, à force de coups de ciseaux, ils en ont fait une statue, ils lui donnent ensuite le poli et le brillant. Mais si, avec le fouet de la franchise, on frappe jusqu'à laisser des stigmates, si, quand le patient est exaspéré, on ne le lâche qu'après l'avoir couvert de tumeurs et de meurtrissures, la colère l'empêchera de revenir jamais, et les paroles n'agiront plus sur lui. Aussi est-ce là une faute que l'on doit avant tout fuir. Évitons donc avec le plus grand soin, quand nous avons réprimandé nos amis, de les quitter au plus vite, et de finir notre entretien par des paroles piquantes qui puissent les humilier.

# NOTES

1. Caïus Julius Antiochus Philopappos, descendant des rois de Commagène, fut destitué par Vespasien en 72 avant de venir s'installer à Athènes où il joua un rôle éminent en qualité de chorège et d'archonte. Sur Philopappos, on consultera B. Puech, *Le Cercle de Plutarque*, 1979, thèse de troisième cycle (Paris-IV).

2. Platon, *Lois* 731 d e.

3. Aristote écrit : « Comme tous les hommes ont naturellement de l'amour-propre, tous considèrent normalement comme agréables les objets qui leur appartiennent en propre, je veux dire leurs discours et leurs œuvres. Aussi aiment-ils le plus souvent leurs flatteurs, leurs amants, leurs honneurs, leurs enfants ; car leurs enfants sont leur œuvre. » ('Επεὶ δὲ φίλαυτοι πάντες, καὶ τὰ αὑτῶν ἀνάγκη ἡδέα εἶναι πᾶσιν, οἷον ἔργα καὶ λόγους. Διὸ καὶ φιλοκόλακες ὡς ἐπὶ τὸ πολὺ [καὶ φιλερασταὶ] καὶ φιλότιμοι καὶ φιλότεκνοι· αὑτῶν γὰρ ἔργον τὰ τέκνα. *Rhétorique*, 1371 b 21-25). Érasme traduit l'expression grecque σφόδρα φίλαυτός ἐστι par les mots *uehementer est amans sui* (voir les *Opuscula Plutarchi nuper traducta, Erasmo Roterodamo interprete : Quo pacto quis efficere possit ut capiat utilitatem ab inimico...*, Bâle, J. Froben, 1514, in-4°).

4. Platon, *Lois* 730 c.

5. Bergk, *Poet. Lyr. Gr.*, III, 393. Certains manuscrits proposent λακύθῳ. Amyot suit cette leçon ; il traduit et

commente tout ensemble : « L'entretenir écurie ne suit point la lampe, ains les champs à bled : c'est-à-dire que ce n'est point à faire à pauvres gens à entretenir grands chevaulx, ains à ceulx qui ont beaucoup de revenu. » Comme le rappelle J. Sirinelli, c'est Vulcobius qui a proposé Zacynthe, île boisée et peu propice aux pâturages, pour expliquer l'opposition (*op. cit.*, p. 280, note 2, afférente à la page 85).

6. Plutarque multiplie dans son œuvre ces exemples réalistes : il écrit ailleurs que les passions naissent dans l'âme comme des vers et des larves (*De Superstitione,* 165 B) ou que l'amour, déçu par la laideur physique, s'en éloigne à l'instar des scarabées qui abandonnent le parfum pour le fumier (*Quaestiones conuiuales,* 692 E).

7. Image topique : la monnaie est toujours chez Plutarque l'image de l'authenticité ; on éprouvera donc l'ami comme une monnaie.

8. Cf. Plutarque, *De Curiositate,* 517 A.

9. Il s'agit de ceux qui, par amour de soi, sont victimes des enjôleurs et des flatteurs.

10. Hésiode, *Théogonie,* 64.

11. Euripide, *Ion,* 732.

12. Cf. *Moralia*, 126 D, 697 D et 1010 C. Plutarque fait allusion à Événos de Paros, sophiste et poète élégiaque, à peu près contemporain de Socrate. Cf. les allusions de Platon à Événos : *Apol.,* 20 a b ; *Phédon,* 60 a, 61 b ; *Phèdre,* 267 a.

13 Dans la *Vie de Phocion*, Plutarque rappelle que les rois n'ont recours aux flatteurs qu'après s'être lavé les mains, c'est-à-dire au moment des repas, où les sujets peu sérieux peuvent être abordés. Athénée le précise également (9, 408 F). Au demeurant, Plutarque, fidèle aux normes de la Comédie Moyenne et Nouvelle, sait établir la différence entre le flatteur et le parasite ; celui-ci arbore une face souriante mais ses oreilles portent la trace des coups ; celui-là fait montre de gravité ; il fronce le sourcil, comme le montre Pollux (IV, 148).

14. Citation des *Flatteurs* d'Eupolis (Kock, *Com. Att. Frag.,* I, fr. 162).

15. Ces « scevoliseurs », propose Antoine du Saix dans une traduction qui date de 1537. Comme le jeune Mucius Scaevola qui ne craignit point l'épreuve du feu, le flatteur n'appréhende ni la flamme, ni le fer, ni l'airain quand il est question d'aller manger.

16. L'histoire est mentionnée dans *Athénée*, VI, 256 cd. Plutarque use ici d'un jeu de mots intraduisible portant sur κολακίδες (les flatteuses) et κλιμακίδες (les petites échelles). Cf. Montaigne, *Essais*, II, 12.

17. Litt. « sur le mode de l'acteur du drame satirique » (ὑποκριτὴς σατυρικός).

18. *République*, 361a.

19. Voir Hérodote, III, 78.

20. Nauck, *T.G.F.*, *Adesp.* n° 362.

21. A propos de ce passage, Racine écrit sur son exemplaire des *Moralia* (B.N. Paris, Rés. J. 105) : « Il n'y a point d'yvroie plus dangereuse que celle qui ressemble le plus au bled » *(Hérétiques déguisés)*.

22. Voir le *De amicorum multitudine*, 96 D.

23. « Comme cire chaude », propose du Saix. Érasme, lui, reste fidèle à Plutarque *(ceu materiam)*.

24. Snell, *T.G.F.* II, *Adesp.* Fr 363.

25. *Phèdre*, 239c.

26. Ainsi traduisons-nous la paronomase ἔθη καὶ ἤθη (dispositions morales et habitudes). Voir également Platon, *Lois,* XII, 968d.

27. Comédie perdue (Kock, *Com. Graec. Frag. Com. ad.* 1206). Cf. également Aristote, *Rhétorique,* 1371 b 12. – Le proverbe final équivaut au *Simile gaudet simili*, souvent cité et que l'on retrouve dans les *Adages* d'Érasme.

28. Le développement qui suit rappelle un passage des *Praecepta gerendae reipublicae*, 800 A *sqq*.

29. Réminiscence d'un passage de la *République*, 493a.

30. Ἁπλοῦς est souvent opposé à ποικίλος (divers) chez Platon. Ce dernier vocable s'applique très souvent à Alcibiade.

31. Certains éditeurs préfèrent au mot πίθηκος (le singe) le vocable ὦτος (le grand duc). En effet, ce rapace

nocturne, selon Aristote (*Hist. nat.*, 597 b), est espiègle et imitateur.

32. Ou « les cerfs mouchetés » (βαλίαις ἐλάφοις). Citation d'Euripide, *Hippolyte*, 218-219 inversés.

33. Cf. notamment *De Iside*, 352 D.

34. *Odyssée*, XXII, 1.

35. Lire Aristote, *Politique*, 1292 a 20.

36. Image topique : lire Fuhrmann, *op. cit.*, pp. 147-148.

37. *Odyssée*, XVI, 181.

38. *Antigone*, 533.

39. Littéralement : « Il semble d'autant plus éloigné de blâmer le vice qu'il s'attache à l'imiter. »

40. Bergk, *Poet. Lyr. Gr.* iii 4, p. 669 (Carm. popul. 35).

41. Kock, *Com. Att. Frag.* I Eupolis, frag. 346.

42. Callimaque, *Aetia*, fr. I, 20.

43. *Iliade*, XI, 643.

44. *Odyssée*, IV, 178.

45. Voir Platon, *Gorgias*, 465 b.

46. Le nard est une valériane.

47. Le castoreum est une sécrétion du castor utilisée comme remède antispasmodique.

48. Sur le polium (πόλιον), ou germandrée, qui est un vulnéraire, voir Pline, XXI, 44 et 145.

49. *Iliade*, VIII, 281.

50. *Iliade*, X, 243.

51. *Iliade*, VII, 109.

52. Disciple de Phédon.

53. Arcésilas est considéré comme le fondateur de la Moyenne Académie (268-241). Cléanthe fut scholiarque au Portique (264-232). Batôn est un auteur de la Comédie Moyenne.

54. Xénophon, *Agésilas*, XI, 5.

55. Thucydide, III, 82.

56. Thème développé dans la *République*, 474 d.

57. Strouthias est un personnage du *Flatteur* de Ménandre.

58. *Le Flatteur*, frag. 3.

59. *Ibid.*

60. Platon, *Gorgias*, 485 d.

61. *Iliade*, X, 249.

62. Euripide, *Alceste*, 1159 ; *Bacchantes*, 1388, notamment.

63. Snell, *T. G. F.* II, 365.

64. Lire Hérodote, I, 30 *sqq*.

65. L'Antiquité regorge de ces anecdotes sur la confiance des riches en leurs misérables aptitudes, pour peu qu'un parasite vienne chanter leur talent. Cf. l'histoire d'Évangélos dans *Contre un ignorant qui se faisait une bibliothèque* de Lucien de Samosate.

66. Philosophe du IIe siècle, tenant de la Nouvelle Académie.

67. Bion de Borysthène, philosophe cynique.

68. *Iliade*, XVI, 151.

69. Il s'agit sans doute de Ptolémée IV Philopator (221-204), surnommé τρύφων.

70. Il s'agit du poète Agis, qui fut un des plus célèbres courtisans d'Alexandre selon le témoignage d'Arrien, *Anab*., IV, 9, 9.

71. Anecdote douteuse et controuvée.

72. Il s'agit de Caïus Petronius arbiter, l'auteur du *Satiricon*. Mais aucun témoignage sur l'écrivain (cf. notamment le récit de Tacite, *Annales*, XVI, 17 *sqq*.) ne permet d'étayer cette remarque.

73. Eschyle, *Myrmidons* ; cf. Platon, *Banquet*, 180 c.

74. *Odyssée*, X, 329. C'est Circé qui s'adresse à Ulysse.

75. Un des sept Sages.

76. Euripide, *Phéniciennes*, 472.

77. *Odyssée*, V, 90.

78. *Odyssée*, V, 89.

79. Kock, *Com. Att. Frag.*, III, 432, *Com. ad.* 125.

80. Euripide, peut-être *Ino*. Nauck, *T.G.F*. 412.

81. Euripide, *Eréchthée, ibid.*, 362, 18-20.

82. Peut-être des vers d'Empédocle.

83. Souvenir d'Hésiode, *Travaux*, 235.

84. Euripide, *Iphigénie à Aulis*, 407.

85. Pindare, *Fragments*, 206 (édition Snell-Machler).
86. *Iliade*, XIV, 84.
87. *Iliade*, XX, 467.
88. Mélange de deux citations de l'*Iliade*, XI, 654 et XIII, 675.
89. *Iliade,* XVI, 33-35.
90. Snell, *Frag*. 248.
91. *Oreste*, 667.
92. Euripide, *Ion*, 732.
93. Euripide, *Fr*. 962.
94. *Sur la couronne*, 198.
95. *Iliade*, IX, 108.
96. Sthénébée. Voir Nauck. *T.G.F*. 665.
97. *Odyssée*, I, 157 ; IV, 70 ; XVII, 592.
98. *Acharniens*, 503.
99. Thucydide, I, 70.
100. Euripide, *T.G.F*. 1086.
101. *Iliade*, XI, 313.
102. *Iliade,* VIII, 234.
103. *Iliade,* I, 70.
104. *Iliade*, XIII, 116 *sqq*. (trad. Ricard).
105. *Iliade*, V, 171-172.
106. Euripide, *Phéniciennes*, 1688.
107. Euripide, *Héraklès,* 1250.
108. *Iliade*, V, 800.
109. Euripide, *Fr*. 683 a.
110. II, 65, 5.
111. Euripide, *Phéniciennes*, 532.
112. Euripide, *Phéniciennes,* 528.
113. *Iliade*, VI, 326.
114. *Iliade,* IX, 109.
115. Sophocle, *fr*. 566.

# Table

## Rivages poche /Petite Bibliothèque
### Collection dirigée par Lidia Breda

Giorgio Agamben
*Stanze* (n° 257)

Anonyme chinois
*Les Trente-Six Stratagèmes* (n° 152)

Apulée
*Le Démon de Socrate* (n° 110)

Hannah Arendt
*Considérations morales* (n° 181)

L'Arétin
*Sonnets luxurieux* (n° 192)

Aristote
*L'Homme de génie et la Mélancolie* (n° 39)
*Rhétorique-Des passions* (n° 40)
*Éthique à Eudème* (n° 129)
*La Vérité des songes* (n° 162)

Marc Augé
*L'Impossible voyage* (n° 214)

Barbey d'Aurevilly
*Du dandysme et de George Brummell* (n° 233)

Bruce Benderson
*Pour un nouvel art dégénéré* (n° 259)

Boèce
*Consolation de la Philosophie* (n° 58)

Georg Büchner
*Lenz* (n° 244)

Casanova
*Mon apprentissage à Paris* (n° 252)

Madame du Châtelet
*Discours sur le bonheur* (n° 221)

Chesterfield
*Lettres à son fils* (n° 99)

Christine de Suède
*Maximes* (n° 200)

Tullia d'Aragona
*De l'infinité d'amour* (n° 210)

Thérèse d'Avila
*Le Château intérieur* (n° 248)

Madame du Deffand
*Lettres à Voltaire* (n° 139)

Erri De Luca
*Un nuage comme tapis* (n° 176)
*Rez-de-chaussée* (n° 191)

Maître Eckhart
*Du détachement* (n° 143)

Umberto Eco - Cardinal Martini
*Croire en quoi ?* (n° 238)

Épictète
*Manuel* (n° 132)

Euripide - Sénèque
*Médée* (n° 211)

Ennio Flaiano
*Journal des erreurs* (n° 275)

Sigmund Freud - Stefan Zweig
*Correspondance* (n° 166)

Witold Gombrowicz
*Cours de philosophie en six heures un quart* (n° 171)

Baltasar Gracián
*L'Art de la prudence* (n° 116)

Hésiode
*Théogonie, la naissance des dieux* (n° 83)

Hippocrate
*Sur le rire et la folie* (n° 49)
*Airs, eaux, lieux* (n° 174)

Jahiz
*Éphèbes et Courtisanes* (n° 231)

Jean
*Apocalypse* (n° 165)

Jean Paul
*Etre là dans l'existence* (n° 239)

Hans Jonas
*Le Concept de Dieu après Auschwitz* (n° 123)
*Le Droit de mourir* (n° 196)
*Pour une éthique du futur* (n° 235)

Stephen Karcher
*Yi King* (n° 247)

Søren Kierkegaard
*Johannes Climacus*, ou *Il faut douter de tout* (n° 223)

Pierre Klossowski
*La Monnaie vivante* (n° 230)

Karl Kraus
*La Littérature démolie* (n° 92)

Madame de Lambert
*De l'amitié* (n° 268)

Giacomo Leopardi
*Philosophie pratique* (n° 258)

Emmanuel Levinas
*Quelques réflexions sur la philosophie de l'hitlérisme* (n° 226)
*Éthique comme philosophie première* (n° 254)

Georg Christoph Lichtenberg
*Pensées* (n° 283)

Lie-Zie
*Du vide parfait* (n° 263)

Longin
*Du sublime* (n° 105)

Lucien
*Philosophes à vendre* (n° 72)

Montaigne
*De la vanité* (n° 63)

Montesquieu
*Essai sur le goût* (n° 96)

André Morellet
*De la conversation* (n° 169)

Friedrich Nietzsche
*Dernières Lettres* (n° 70)

## Rivages poche / Bibliothèque étrangère

Harold Acton
*Pivoines et Poneys* (n° 73)

Sholem Aleikhem
*Menahem-Mendl le rêveur* (n° 84)

Jessica Anderson
*Tirra Lirra* (n° 194)

Reinaldo Arenas
*Le Portier* (n° 26)

James Baldwin
*La Chambre de Giovanni* (n° 256)

Quentin Bell
*Le Dossier Brandon* (n° 102)

Stefano Benni
*Baol* (n° 179)

Ambrose Bierce
*Le Dictionnaire du Diable* (n° 11)
*Contes noirs* (n° 59)
*En plein cœur de la vie* (n° 79)
*En plein cœur de la vie,* vol. II (n° 100)
*De telles choses sont-elles possibles ?* (n° 130)
*Fables fantastiques* (n° 170)
*Le Moine et la fille du bourreau* (n° 206)

Elizabeth Bowen
*Dernier automne* (n° 265)

Paul Bowles
*Le Scorpion* (n° 3)
*L'Écho* (n° 23)
*Un thé sur la montagne* (n° 30)

Emily Brontë
*Les Hauts de Hurle-Vent* (n° 95)

Robert Olen Butler
*Un doux parfum d'exil* (n° 197)
*Étrange murmure* (n° 270)

Walter de la Mare
*L'Amandier* (n° 108)
*Du fond de l'abîme* (n° 141)
*À première vue* (n° 219)

Daniele Del Giudice
*Le Stade de Wimbledon* (n° 209)

Erri De Luca
*Une fois, un jour* (n° 119)
*Acide, Arc-en-ciel* (n° 201)
*En haut à gauche* (n° 251)

Alfred Döblin
*L'Assassinat d'une renoncule* (n° 25)

Heimito von Doderer
*Un meurtre que tout le monde commet* (n° 14)

Michael Dorris
*Un radeau jaune sur l'eau bleue* (n° 121)

John Meade Falkner
*Le Stradivarius perdu* (n° 153)

Eva Figes
*Lumière* (n° 5)

Richard Ford
*Rock Springs* (n° 220)

Mavis Gallant
*Les Quatre Saisons* (n° 82)
*Voyageurs en souffrance* (n° 175)
*L'été d'un célibataire* (n° 205)
*Chroniques de mai 68* (n° 246)

Jane Gardam
*La Dame aux cymbales* (n° 276)

William Gass
*Au cœur du cœur de ce pays* (n° 146)

Kaye Gibbons
*Ellen Foster* (n° 4)
*Une femme vertueuse* (n° 31)

Barry Gifford
*Les Vies parallèles de Jack Kerouac* (n° 81)
*Paysage avec voyageur* (n° 133)

Lars Gustafsson
*Musique funèbre* (n° 135)

MacDonald Harris
*La Valise de Hemingway* (n° 149)

Christopher Isherwood
*Le Condor* (n° 28)
*Octobre* (n° 284)

Henry James
*Mémoires d'un jeune garçon* (n° 27)
*Owen Wingrave* (n° 36)
*Le Dernier des Valerii* (n° 62)
*Un épisode international* (n° 97)

Diane Johnson
*Nuits persanes* (n° 185)

Elizabeth Jolley
*L'Héritage de Miss Peabody* (n° 87)
*Tombé du ciel* (n° 131)
*Foxybaby* (n° 161)
*Le Puits* (n° 282)

Barbara Kingsolver
*L'Arbre aux haricots* (n° 224)
*Les Cochons au paradis* (n° 242)

Rudyard Kipling
*Le Miracle de saint Jubanus* (n° 85)

Fatos Kongoli
*Le Paumé* (n° 271)

Mirko Kovač
*La Vie de Malvina Trifković* (n° 111)

Gavin Lambert
*Le Crime de Hannah Kingdom* (n° 104)

Ella Leffland
*Rose Munck* (n° 134)

David Lodge
*Jeu de société* (n° 44)
*Changement de décor* (n° 54)
*Un tout petit monde* (n° 69)
*La Chute du British Museum* (n° 93)
*Nouvelles du Paradis* (n° 124)

*Jeux de maux* (n° 154)
*Hors de l'abri* (n° 189)
*L'homme qui ne voulait plus se lever* (n° 212)
*Thérapie* (n° 240)

Rosetta Loy
*Les Routes de poussière* (n° 164)
*Un chocolat chez Hanselmann* (n° 255)

Alison Lurie
*Les Amours d'Emily Turner* (n° 7)
*La Ville de nulle part* (n° 21)
*La Vérité sur Lorin Jones* (n° 32)
*Des gens comme les autres* (n° 38)
*Conflits de famille* (n° 46)
*Des amis imaginaires* (n° 71)
*Comme des enfants* (n° 107)
*Femmes et Fantômes* (n° 182)
*Liaisons étrangères* (n° 207)
*Ne le dites pas aux grands* (n° 279)

Norman Maclean
*Montana, 1919* (n° 140)
*La Rivière du sixième jour* (n° 213)
*La Part du feu* (n° 243)

Norman Mailer
*Les vrais durs ne dansent pas* (n° 177)

Javier Marías
*L'Homme sentimental* (n° 24)
*Le Roman d'Oxford* (n° 114)
*Un cœur si blanc* (n° 186)
*Ce que dit le majordome* (n° 237)
*Demain dans la bataille pense à moi* (n° 253)

Olga Masters
*Le Cœur labyrinthe* (n° 115)

Jay McInerney
*Toute ma vie* (n° 229)

Steven Millhauser
*La Galerie des jeux* (n° 37)

Lorrie Moore
*Des histoires pour rien* (n° 8)
*Vies cruelles* (n° 61)
*Anagrammes* (n° 91)
*Que vont devenir les grenouilles ?* (n° 236)

Umberto Saba
*Couleur du temps* (n° 6)
*Comme un vieillard qui rêve* (n° 17)

Lisa Saint-Aubin de Terán
*Les Jours de l'Orénoque* (n° 90)

John Saul
*Baraka* (n° 142)
*De si bons Américains* (n° 183)
*Mort d'un général* (n° 216)

Karel Schoeman
*En étrange pays* (n° 249)

Budd Schulberg
*Un homme dans la foule* (n° 76)
*Le Désenchanté* (n° 77)
*Le Visage de Hollywood* (n° 156)

Carl Seelig
*Promenades avec Robert Walser* (n° 65)

Carol Shields
*Swann* (n° 126)
*La République de l'amour* (n° 160)

Jane Smiley
*Portraits d'après nature* (n° 148)
*L'Exploitation* (n° 199)
*Un appartement à New York* (n° 218)
*Moo* (n° 277)

Natsumé Sôseki
*Oreiller d'herbes* (n° 2)
*Clair-obscur* (n° 22)
*Le Voyageur* (n° 122)

Elizabeth Spencer
*Nouvelles du Sud* (n° 188)

Tilman Spengler
*Le Cerveau de Lénine* (n° 151)

Robert Louis Stevenson
*Fables* (n° 20)
*La Magicienne* (n° 34)
*Olalla* (n° 56)

Italo Svevo
*Le Destin des souvenirs* (n° 12)

Paco Ignacio Taibo II
*Le Rendez-vous des héros* (n° 204)

Elizabeth Taylor
*Angel* (n° 41)
*Mrs. Palfrey, Hôtel Claremont* (n° 67)
*Cher Edmund* (n° 98)
*Noces de faïence* (n° 125)
*Une saison d'été* (n° 155)
*La Bonté même* (n° 190)
*Le Papier tue-mouches* (n° 250)
*Une partie de cache-cache* (n° 273)

Gore Vidal
*Un garçon près de la rivière* (n° 269)

Alberto Vigevani
*Le Tablier rouge* (n° 136)
*Un été au bord du lac* (n° 195)

Evelyn Waugh
*Trois Nouvelles* (n° 138)

Fay Weldon
*Copies conformes* (n° 128)

Paul West
*Le Médecin de Lord Byron* (n° 50)

Rebecca West
*Femmes d'affaires* (n° 167)

Joy Williams
*Dérapages* (n° 120)

Tim Winton
*Cet œil, le ciel* (n° 225)
*La Femme égarée* (n° 262)

Banana Yoshimoto
*N•P* (n° 274)

Evguéni Zamiatine
*Seul* (n° 16)
*Le Pêcheur d'hommes* (n° 19)

Achevé d'imprimer en octobre 1999
sur les presses de l'Imprimerie Robert
200, avenue de Coulin - 13420 Gémenos
pour le compte des Éditions Payot & Rivages
106, bd Saint-Germain - 75006 Paris

5e édition

Dépôt légal : juillet 1993